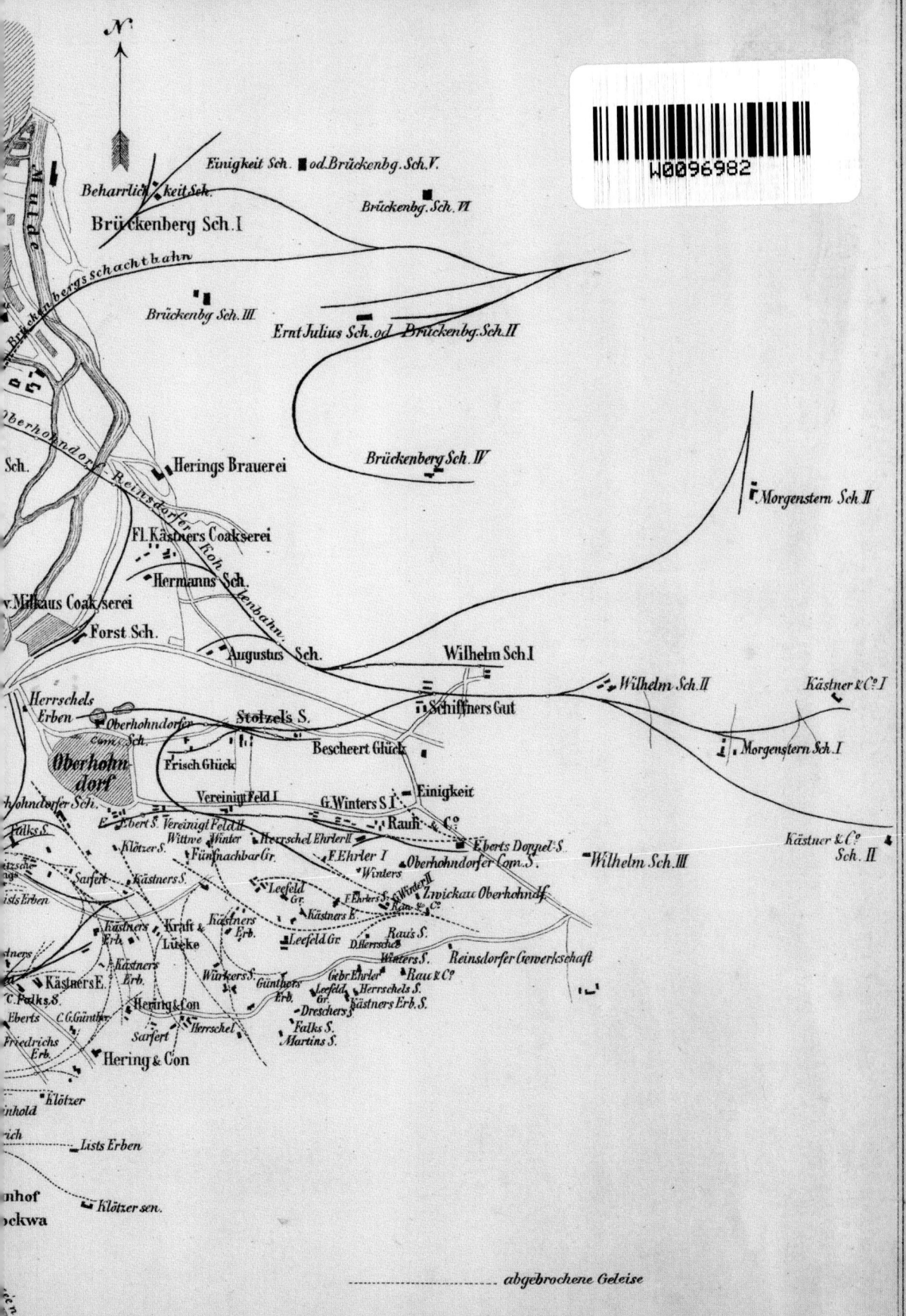

Die Lithografie zeigt oben die Wildenfelser Straße mit dem „Gasthof Mädler" (vorn). Links unten erkennt man die Material- und Grünwarenhandlung Hermann Hesse in der Hauptstraße (bzw. Wildenfelser Straße) Nr. 82. (um 1900)

Diese schöne Lithografie erschien um 1900. Sie zeigt das Restaurant „Juchhö" mit dem Frisch-Glück-Schacht, den Garten und den Blick von demselben auf Zwickau und den Hermannschacht (rechts) sowie das neue Schulgebäude.

Zwickau

Bilderschätze aus Schedewitz, Bockwa, Oberhohndorf und der Südvorstadt

Diese Ansichtskarte aus dem Jahre 1904 zeigt wichtige Gebäude in Oberhohndorf: den Wilhelmschacht I, die Porzellanfabrik, die Schule und die Materialwarenhandlung Hermann Hesse.

Der „Gruß aus Schedewitz" zeigt in Einzelbildern Vertrauenschacht, „Restaurant Floss", „Gasthof zum weißen Ross", „Fürstenhof", „Gasthof zur grünen Linde", „Restaurant Bleibe" und „Restaurant Quetsche". Der „Fürstenhof" bestand nur kurze Zeit. (um 1900)

Norbert Peschke

Zwickau

Bilderschätze aus
Schedewitz, Bockwa, Oberhohndorf
und der Südvorstadt

SUTTON

Im Jahre 1528 erbaute der Ratsherr Michael von Mylau das Rote Vorwerk. 1842 etablierte sich in dem Gebäude der Gasthof „Grüner Hof". Johanna Selma Apel erwarb 1907 das Etablissement und verkaufte es 1927 an Willy Reber. In dieser Zeit, als auch das Foto entstand, führte ihr Sohn Friedrich Apel eine Getreide-, Mehl- und Futtermittelhandlung. Etwa Mitte/Ende der 1960er-Jahre wurde die Schankwirtschaft geschlossen und das Haus nach einem Brand abgebrochen.

Einband vorn: Diese schöne Lithografie von ca. 1840 zeigt Bockwa und Oberhohndorf aus Richtung Norden. Rechts erhebt sich ein Wasserhaltungsschacht. 1856 wurde die Kirche durch die noch heute dort stehende Matthäuskirche ersetzt. Das Bild fertigte der Dresdner Zeichner und Lithograf Ludwig Theodor Zöllner (1796–1860) an.
Vorsatz: Der Lageplan zeigt das Netz der Bockwaer und der Oberhohndorf-Reinsdorfer Kohlenbahn im Mai 1885. Die gestrichelten Kohlenbahngleise wurden um 1884 demontiert.
Seite 5: Die Lokomotiven SCHAFF und REINSDORF am Bahnübergang des jetzigen Comeniusweges. (vor 1902)
Nachsatz: Dieser Lageplan dokumentiert den Gleisverlauf der Oberhohndorf-Reinsdorfer Kohlenbahn. Der Ursprungsplan von 1862 wurde 1881 ergänzt (u. a. hat man einzelne Gleise und Schächte gestrichen).
Einband hinten: Nachdem 1907 neben dem Cainsdorfer Bahnhof der Hüttengasthof abgebrannt war, wurde am östlichen Muldeufer an der Muldestraße ein neuer Gasthof aufgebaut, der den Namen „Zur Königin-Marienhütte" erhielt. Heute steht hier ein Einkaufsmarkt. (um 1912)

Impressum
Sutton Verlag GmbH
Arnstädter Straße 8
99096 Erfurt
www.suttonverlag.de

Copyright © Sutton Verlag, 2021
ISBN: 978-3-96303-336-0
Druck: Florjančič Tisk d.o.o. / Slowenien
Gestaltung und Herstellung: Sutton Verlag

In diesem Buch wird aus Gründen der besseren Lesbarkeit das generische Maskulinum verwendet. Weibliche und anderweitige Geschlechteridentitäten werden dabei ausdrücklich mitgemeint, soweit es für die Aussage erforderlich ist.

Sollte dieses Werk Links auf Webseiten Dritter enthalten, so machen wir uns die Inhalte nicht zu eigen und übernehmen für die Inhalte keine Haftung.

Inhalt

Einleitung — 6

1. **Südvorstadt und Schedewitz** — 7
2. **Bockwa** — 27
3. **Die Bockwaer Kohlenbahn (BK)** — 51
4. **Oberhohndorf** — 69
5. **Die Oberhohndorf-Reinsdorfer Kohlenbahn (ORK)** — 77

Quellen- und Bildverzeichnis — 121

Einleitung

Im Jahr 2020 erschien das Buch „Der Zwickauer Süden" mit den Themen Südvorstadt, Gemeinden Bockwa, Oberhohndorf und Schedewitz. Es war das erste Buch dieser Art über die historisch bedeutsamen Gemeinden bzw. heutigen Zwickauer Stadtteile. Für die Kapitel wurden im ersten Band die interessantesten und seltensten Bilder ausgesucht, mehr als 200 Fotografien mussten leider unberücksichtigt bleiben. So entstand – auch dank der guten Resonanz zum Buch – schon bald die Idee, noch einen zweiten Band folgen zu lassen. Im vorliegenden Buch werden als Schwerpunkte die erfolgreichen und gewinnbringenden Bockwaer und die Oberhohndorf-Reinsdorfer Kohleneisenbahnen behandelt. Für fast 70 Jahre besaßen sie für das südliche Steinkohlenrevier Zwickaus eine herausragende Bedeutung. Die Historie dieser Zwickauer Kohlenbahnen (es gab davon noch mehr) ist eine wahre Erfolgsgeschichte, wenn man bedenkt, wieviel Kohle transportiert wurde und dass eine Dividende bis 70 Prozent gezahlt wurde.

Die Recherchen zu den Büchern dauerten viele Wochen, ja Monate. Dass sich bei den Tausenden von Fakten im ersten Band auch kleine Fehler eingeschlichen haben, dürfte verständlich sein. Nachforschungen und das Auffinden immer neuer Quellen veranlassten mich, an dieser Stelle einige Fakten/Daten aus Band 1 zu ergänzen oder zu korrigieren:

Vorsatz des Buches: Die Identifizierung des Panoramabildes war außerordentlich schwierig. Bei der Nr. 7 handelt es sich wahrscheinlich um den Ebert-Schacht I. Bei der Nr. 8 befindet sich das Vereinigt-Feld, während der große Schornstein zum Wilhelmschacht 1 gehört, der hinter dem Beschert-Glück-Schacht steht. Unter der Nr. 9 heißt es richtig „Stkw. Carl Gotthilf Sarferts Erben auf Bockwar Flur". *Seite 46:* Johann Benjamin Hesse arbeitete ab 1812 in Bockwa als Kirchschullehrer. Er hatte seine Berufslaufbahn 1803 als Lehrer in Neukirchen bei Chemnitz begonnen. *Seite 54, Ergänzung:* Adam Friedrich August Falck (1824–1896). *Seite 56 oben:* Sterbedatum von H.F. Sarfert lautet richtig 1859. Sterbedatum von J.G. Sarfert lautet richtig 1866. *Seite 66, Korrektur:* Das Bild zeigt die Familie Wiede von rechts nach links. *Seite 92:* Im Jahre 1885 nahm das Steinkohlenwerk „Neuer Schmelzverein" die Arbeit wieder auf. Es war im September 1876 wegen eines Brandes stillgelegt worden. *S. 92 Bild unten:* Hier handelt es sich um den Schacht von Carl Gotthilf Sarfert bzw. nach seinem Tode 1861 um C.G. Sarferts Erben in Schedewitz, nicht in Bockwa. (1878) *S. 95, 2. Absatz:* Wildenfelser Straße, nicht B 93. *S. 99 (Stkw. Beschert Glück):* Es handelt sich um den Textilfabrikanten Robert Eduard Sarfert (1846–1925) aus Crimmitschau und dessen Bruder Moritz Heinrich Sarfert (1855–1932). Der Schacht wurde 1902 abgeworfen (s. a. S. 120, Bild oben). *S. 101:* Die Schankwirtschaft „Heiterer Blick" gehörte im Jahre 1847 Johann David Herschel jun.[2] Am 13. September verpachtete er das Etablissement an Johann Bauer. (Verpachtungsangebot s. „Leipziger Zeitung" v. 6. Juli 1847) Alma Rösch war Eigentümerin des Schankhauses „Zur Post", der ehemalige Bezirksbürgermeister Paul Klötzer war nach 1946 Pächter und Gastwirt.

1.
Südvorstadt und Schedewitz

In diesem Kartenausschnitt aus dem Jahre 1859 sind Teile der Südvorstadt, vom Dorf Schedewitz, vom Vertrauenschacht (r.) und von der Heringsbrauerei (l.) zu sehen. Die geplanten Linien der ORK sind gestrichelt dargestellt und wurden zum Teil nicht verwirklicht. Die Gewässer sind die Zwickauer Mulde und der Mühlgraben. In der Bildmitte (oben) befinden sich unter der Wildenfelser Straße der Forstschacht und die Von Milkausche Coakserei.

Südvorstadt und Schedewitz

Am 1. Juni 1924 wurde an der Lindenstraße 25 (ab 1945 Uhdestraße) das Volksbad „Unter den Erlen" (Erlenbad genannt) eröffnet. Der Flurname stammt von den Oberen Erlen ab, einer Gegend an der Flurgrenze zwischen Schedewitz und Zwickau. Am 15. August 1984 wurde im Erlenbad der Badebetrieb eingestellt. (um 1930)

Am 23. Dezember 1971 wurde die Volksschwimmhalle an der Uhdestraße 25, in der Nähe des Erlenbades, den Benutzern übergeben. Die nach dem Johannisbad erste neuerbaute Schwimmhalle in Zwickau verfügte über 25-Meter-Schwimmbahnen. Das Erlenbad wurde zum 31. Dezember 2005 geschlossen. (1973)

Südvorstadt und Schedewitz

Die um 1850 gegründete Heringsbrauerei südöstlich vom Röhrensteg am Weg nach Oberhohndorf/Reinsdorf war eine beliebte Ausflugsgaststätte und bis 1896 in Betrieb. Die Gaststätte mit dem Saal wurde wohl bis 1917 genutzt. Links steht das Wohnhaus des Wirtes. (um 1912)

Eine hölzerne Brücke über die Zwickauer Mulde diente für die Transporte beim Bau der Schedewitzer Brücke. Ein Bagger arbeitet an der Verlegung des Flusses nach Norden, um Platz für die Erweiterung der Schaderhalde zu bekommen. Links steht das ehemalige Wiedehaus. (1955)

Blick vom ESTAV Richtung Süden

Zwei Bilder wurden zu einem interessanten Panoramabild zusammengefügt. Der Blick geht in Richtung des Dorfes Oberhohndorf. Die Eisenbahnschranke (l.) an der Oskar-Arnold-Straße gehört zur Oberhohndorf-Reinsdorfer Kohlenbahn (ORK). Hinter der Muldebrücke zweigt nach rechts ein Anschlussgleis für den ehemaligen Forstschacht und die Von Milkausche Coakserei ab, während sich geradeaus das Hauptgleis bis zum Florentin-Kästner-Schacht I fortsetzt. Die beiden Schornsteine

Südvorstadt und Schedewitz

(rechts neben dem großen der Firma Jung & Simons in der Bildmitte) gehören zur Kokerei des Hermannschachtes. Über die Huntebahnbrücke förderte der Vertrauenschacht seine Waschberge und Abfälle auf die neue, noch flache Halde am Südufer der Zwickauer Mulde. Der Allgemeinmediziner Dr. Biek musste 1952 seine Villa wegen des Brückenbaus (Schedewitzer Brücke) aufgeben und zog nach Cainsdorf. (um 1904)

Der Fotograf steht neben dem Abwurf für die Waschberge auf der sogenannten Schaderhalde des August-Bebel-Werkes. An der Schaderstraße unten stehen Gebäude des ehemaligen Hermannschachtes. (um 1950)

Die Arbeit auf der Schaderhalde mit Transporten der schwer beladenen Hunte erforderte viel Kraft. Das Bild rechts zeigt den im Wechsel arbeitenden Aufzug auf die Schaderhalde, die Brücke und die Gleise der Huntebahn. (um 1950)

Auf dem Damm der Zwickauer Mulde transportieren mit Pressluft angetriebene Lokomotiven mit Waschbergen gefüllte Hunte. Mit dem Material werden die Dämme des Flusses (r.) erhöht. Hinter dem Wasserturm der Firma Jung & Simons erheben sich die Gebäude des Brückenbergschachtes. (um 1938)

In den Jahren 1938/39 wurden die Gebäude der Kammgarnspinnerei Schedewitz abgebrochen. Die Gruben mit den Kellerräumen und der Schlammteich wurden mit Waschbergen des ESTAV verfüllt. Auf der Fläche entstand 1951 die Kleingartenanlage „Neuland" e. V. Rechts stehen Wohnhäuser in der Straße Am Raschberg, links fließt die Zwickauer Mulde. (1939)

Südvorstadt und Schedewitz

Am 29. September 1958 wurde die Schedewitzer Brücke dem Verkehr übergeben. Auf der Wildenfelser Straße und der Muldestraße staute sich während der Einweihungsfeier der Delegationszug.

Zur Einweihung der Schedewitzer Brücke hatten die wichtigsten Zwickauer Betriebe und Schulen Delegationen geschickt. Links im Hintergrund steht die Diesterweg-Schule. (1958)

Südvorstadt und Schedewitz

Nach der Verkehrsaufnahme über die Schedewitzer Brücke konnte die Straßenbahn die Zwickauer Mulde doppelgleisig überqueren. (1964)

Die Markuskirche steht in der Turnerstraße 2. Im Hintergrund befindet sich auf dem Gelände des ehemaligen Hoffnungschachtes die Holzhandlung von Reinhold Kertzscher in der Körnerstraße 5. (um 1925)

Südvorstadt und Schedewitz

Am 5. Oktober 1868 wurde im Haus des Obersteigers Franke (Hauptstraße 11/Äußere Schneeberger Straße 142) der Consum-Verein Schedewitz gegründet. Aus dem Verein wurde 1925 der Konsumverein für Zwickau und Umgebung e. G. m. b .H. mit Sitz in der Dorotheenstraße, aus der Schedewitzer Zweig- die Verteilerstelle 9. Neben dem Hauptgeschäft des Consum-Vereins (Mitte oben) zeigt dieser „Gruß aus Schedewitz" auch die Filialen in Marienthal, Niederhasslau, Pölbitz, Oberhohndorf, Planitz und Zwickau (im Uhrzeigersinn). (1908)

Beim preiswerten Einkauf in einem Consum-Geschäft mussten die Vereinsmitglieder ihre Legitimationskarte vorzeigen. Bei unbefugter Warenabgabe war eine Strafe in Höhe von 150 Mark fällig. Die Consum-Mitgliedskarte war bei Rückzahlungen erforderlich.

In der Schedewitzer Hauptstraße 22 (Äußere Schneeberger Straße 117) verkaufte Anton Becher Zigarren und Zigaretten. Zuvor hatte er eine Tischlerei betrieben. (um 1930)

Arthur Zänsler war Gastwirt des Restaurants „Gambrinus" in der Schedewitzer Straße 44. Neben dem Haus verläuft die Malzgasse. (um 1935)

Neben der Diesterweg-Schule (r., heute Standort der Stadthalle) befand sich seit 1913 der Schedewitzer Sportplatz, auf dem die Fußballer des FC 02 Schedewitz spielten. Die Sportler hatten ihren Platz neben der Heringsbrauerei wegen Eigenbedarfs des ESTAV (Haldenausdehnung) aufgeben müssen. (um 1926)

Zwischen der Eisenbahntrasse der Schwarzenberg–Zwickauer Linie und der Zwickauer Mulde befand sich dieser Sportplatz, der 1951 Teil der Kleingartenanlage „Neuland" e. V. wurde. Hinten verlaufen die Straße Am Raschberg und die Alte Lengenfelder Straße (Alte Landstraße). (1935)

Im Juli 1924 zog die Bergschule für Bergbau, Hüttenwesen und Industrie der Steine und Erden nach der Eingemeindung von Schedewitz nach Zwickau von der Äußeren Leipziger Straße 11 (Max-Pechstein-Straße) in das ehemalige Schedewitzer Rathaus in der Schedewitzer Straße 22. (um 1928)

Vom Schutzdamm der Zwickauer Mulde aus wurde dieses Foto angefertigt. Es zeigt die Hinterseite der Häuser an der Schedewitzer Straße und die Schornsteine des Vertrauenschachtes. (1935)

Südvorstadt und Schedewitz

Der Bahnübergang führt über die Eisenbahnstrecke Schwarzenberg–Zwickau. Hier stoßen die Neue Lengenfelder (vorn) und die Äußere Schneeberger Straße zusammen. Das Gebäude der Kammgarnspinnerei wurde u.a. von einer Spedition, einer Grünwarenhandlung und einer Dampf-Waschanstalt genutzt. Rechts steht ein Bahnwärterhaus. (1935)

Das kleine Bahnhofempfangsgebäude des Haltepunktes Schedewitz an der Strecke Schwarzenberg–Zwickau wurde am 15. Mai 1880 in Betrieb genommen. Davor befindet sich der Bahnübergang (s. o.). (um 1910)

Südvorstadt und Schedewitz

Neben den Gleisen der Strecke Schwarzenberg–Zwickau und dem Schedewitzer Haltepunkt verläuft die Bahnstraße (l.). Rechts steht noch das alte Empfangsgebäude. (um 1930)

In den Jahren 1934/35 wurden die Gleise der Strecke Schwarzenberg–Zwickau vom Schedewitzer Haltepunkt bis hinter die Saarstraße höher gelegt und an der Bahnstraße (l.) ein Fußgängertunnel durch den Damm angelegt.

Im Mühlgraben in Schedewitz konnten die Anwohner Fische fangen und Reinigungsarbeiten ausführen. Bei dem Haus handelt es sich um die Schedewitzer Straße 12. Der Mühlgraben wurde vor 1935 verfüllt. (um 1925)

Die Straße heißt Am Raschberg und verläuft am Fuße des Raschberges. Rechts sind die Häuser Nr. 2 bis 8 zu sehen, die bis auf die Nr. 2 inzwischen abgebrochen wurden. (1935)

Nach dem Umzug der Kammgarnspinnerei Schedewitz nach Silberstraße (um 1922) dienten die Gebäude anderen Firmen als Unterkunft, bis sie 1939 abgebrochen wurden. Im Hintergrund steht die Bockwaer Brücke, hinter der Straßenbahn das Lange-Gut. (1939).

Am 2. Mai 1986 fuhr dieser Güterzug Dg 54 313 von Zwickau nach Aue. Links verläuft die Straße Am Raschberg, rechts erhebt sich die Bockwaer Kirche. 1951 legten Kleingärtner auf der Fläche der Kammgarnspinnerei und auf einem Sportplatz die Gartenanlage „Neuland e. V." an (Bildmitte).

Von der Bahnstraße zweigt die Bergstraße (später Otto-Hue-Straße, heute Liebigstraße) ab. Das Geschäft in der Nr. 2 beherbergte die Bäckerei Georg Löscher. Der Fotograf stand auf dem Bahndamm der Schwarzenberg–Zwickauer Linie. (um 1910)

Das Foto zeigt die Rückfronten der Häuser (von Süden) der Alten Lengenfelder Straße (Alte Landstraße). Die starken Bergschäden, vor allem die Schiefstellungen der Gebäude, sind gut zu erkennen. (1956)

Südvorstadt und Schedewitz

Auf dem Bild sind zwei Gewässer zu sehen: rechts die Zwickauer Mulde und links der Mühlgraben. Zwischen beiden erhebt sich die Schedewitzer Kammgarnspinnerei (Schornstein), während die Kirche zum Dorf Bockwa gehört. Die Grenze zwischen den Gemeinden verläuft in der Mitte des Flusses. (1900)

In Schedewitz richtete diese Arbeitskolonne mit einer qualmenden Dampfwalze eine Straße mit Asphaltbelag her. (um 1912)

Im Jahre 1912 feierte der Verein „Frohsinn" sein 25. Jubiläum. In Schedewitz versammelten sich deshalb 25 Frauen für eine Fotografie.

Diese Ansichtskarte wurde am 3. März 1915 in Schedewitz datiert. Der unbekannte Hauseigentümer wollte ein Erinnerungsbild von seiner Familie und seiner Kutsche.

2
Bockwa

Die alte Bockwaer Kirche (1856 abgebrochen) steht noch, während rechts der Wasserhaltungsschacht zu sehen ist. Halb rechts ergießt sich der später verrohrte Bockwaer Bach in die Zwickauer Mulde. (1853)

Bockwa

Der Blick vom Oberhohndorfer Berg schweift (von links) vom Wiede-Haus über den Herschelschacht, die Zwickauer Mulde und bis zur Kammgarnspinnerei Schedewitz. Am Herschelschacht befindet sich die letzte Ladestation der Bockwaer Kohlenbahn. (um 1900)

Das Bild von der eisernen Bockwaer Brücke, die am 16. November 1894 eingeweiht wurde, entstand im Jahre 1940. Im Hintergrund ist die Bebauung der Neuen Lengenfelder Straße (heute Bahnstraße) und der Straße Am Raschberg zu sehen, während die Kammgarnspinnerei fehlt.

Bis 1958, als die Schedewitzer Brücke in Betrieb ging, fuhr die Straßenbahn noch über die Bockwaer Brücke, wie auch die Fahrleitungsmasten beweisen. Das Wohnhaus (l.) ist die Schedewitzer Straße 1. (um 1940)

Die verkehrsarme Muldestraße litt sehr unter den Bergbausenkungen. Die Straßenbahntrasse führt hier noch über die Bockwaer Brücke. Rechts von der Straße stehen die beiden Bockwaer Schulen. (um 1950)

Bockwa

Kinder spielen am Ufer der Niedrigwasser führenden Zwickauer Mulde. Rechts neben der Bockwaer Kirche sind die beiden Schulgebäude Bockwas zu sehen. (1957)

Am 14. September 1853 wurde die erste Bockwaer Schule (l.) und am 10. Oktober 1881 das zweite Schulgebäude (r.) eingeweiht. Im Jahre 1901 folgte der Neubau einer Turnhalle, die beide Schulgebäude verband. (um 1925)

An der Muldestraße standen die inzwischen abgebrochenen Häuser Nr. 1 und Nr. 3. Sie gehörten den Erben der Familien Herschel und Reinhold. Beide Familien besaßen Steinkohlenwerke. (um 1980)

In den Jahren 1972/73 wurde die Muldestraße in Bockwa grundhaft erneuert und die Trasse korrigiert. Das Bild entstand vor dem Beginn der Bauarbeiten neben dem Haus Nr. 21.

Vor dem Eingang der Bockwaer Schule präsentierte sich die Freiwillige Feuerwehr Bockwa. In der Bildmitte sitzen der I. Kommandeur Wilhelm Köhler und der II. Kommandeur Emil Mehlhorn. (1930)

Im Jahre 1930 ließen sich die Lehrer der Bockwaer Schule fotografieren (von links): Franz Balke, Magdalena Oswald, Johanna Hochstein, Schulhausmeister Otto Hentschel, Emil Stier, Georg Johann Hochstein, Ilse Schönefeld, Paul Gustav Kräuter, Emil Bruno Opelt, Walter Jacobi und Emil Teubner.

Die Hauptstraße (heute Muldestraße) ist in diesem Abschnitt zweispurig. Links stehen die Häuser Nr. 9, 11 und 13, während rechts hinter den Bäumen die Schulgebäude zu sehen sind. (um 1912)

Auf dieser Ansichtskarte ist das Ehepaar Gustav Adolph (1821–1864) und Friederike Christiane Falck (geb. Kästner, 1826–1902) abgebildet, das den Niederen Gasthof besaß. (um 1910)

Erich Pelz führte in der Muldestraße 9 eine Reparaturwerkstatt und ein Geschäft für Fahrzeuge, Näh- und Waschmaschinen (vgl. Band 1, S. 66/67). Das Gebäude im Hintergrund ist die Muldestraße 7. (1929)

Meister Erich Pelz nutzte für seine Transportfahrten ein Dreirad. Wie die Werbung aussagt, verkaufte er Fahrzeuge. (1929)

Im Sommer 1929 ließ Erich Pelz an der Muldestraße 9 in Bockwa eine ESSO-Tankstelle erbauen. Hier soll der Tank unter der Erdoberfläche montiert werden. (1929)

Das Haus Schneeberger Straße 13 neben dem Niederen Gasthof (r.) gehörte dem Müller Paul Kahl. Er wohnte in der ersten Etage, die Familie Klöckner im Erdgeschoss. (um 1925)

Bockwa

Am 5. November 1956 feierte die Kirchgemeinde der Matthäuskirche das 100. Jubiläum des Kirchenneubaus. Unter den Bergmannschor hatte sich auch Pfarrer Erich Fritz Kühnel (3.v.r.) gemischt, der von 1954 bis 1972 der Matthäuskirchgemeinde vorstand.

Am Eingang zum Grundstück an der Unteren Kohlenstraße hatte sich das Ehepaar List für ein Foto aufgestellt. (um 1900)

Die Behringstraße verläuft von der Muldestraße aus nach Südosten. Zu sehen sind die Häuser Nr. 1 (l., Familie Weber) und Nr. 3 (Familie Gottschalk). (um 1950)

Im Juli 1954 wurde während des Hochwassers der Zwickauer Mulde die Bockwaer Senke überflutet. Das Wasser drang auch in die Wohnräume des Hauses Behringstraße 2 (Fuhrgeschäft Familie Messing) ein.

Im Winter entstand dieses Foto, in dessen Mitte die Würkerbrücke über die Zwickauer Mulde zu sehen ist (1930 zerstört). Rechts stehen Gebäude, die zum Reinholdschacht gehören. Das Bauerngut war im Besitz des Kohlenwerksbesitzers Karl Gottlieb Felix Würker. (um 1905)

Auf dem westlichen Muldeufer steht im Senkungsgebiet die Ruine eines kleinen Schachtes. Im Hintergrund erkennt man hinter dem Fluss die Bockwaer Kirche und die beiden Schulgebäude. (um 1908)

Das Hochwasser im Januar 1932 war für Bockwa eines der schlimmsten. Die Muldestraße war total überflutet. Links steht die Bockwaer Kirche. Das Foto entstand aus dem Schulgebäude heraus. (1932)

Die Familie Kästner gehörte zu den reichsten Familien in Bockwa. Sie besaß mehrere Kohlengruben und diese schöne Villa an der Muldestraße 1. (um 1980)

Auf dem verlandeten Schlammteich der Altgemeindeschächte schuf die FFW Bockwa einen Übungsplatz, auf dem vom 16. Mai bis zum 24. Juli 1930 insgesamt 58 Feuerwehrmänner 3.430 Aufbaustunden leisteten. (1930)

Der Übungsplatz (heute Gartenanlage) der FFW Bockwa ist fertiggestellt. Im Hintergrund sieht man die beiden Altgemeindeschächte, rechts die inzwischen abgebrochenen Wohnhäuser an der Muldestraße (Nrn. 31 bis 37, s. Bd. 1, S. 73). (1930)

Dieses Feuerwehrauto vor dem Niederen Gasthof hatte die FFW Bockwa im Jahre 1932 erworben.

Zuschauer stehen auf der Muldestraße und schauen nach dem zerstörerischen Hochwasser im Juli 1954 den Baggerarbeiten zur Sicherung des Muldedamms zu. Im Hintergrund ist die Gitterbrücke der Bockwaer Industriebahn zu erkennen.

Die Wohnhäuser Muldestraße 31 und 33 mussten wegen Bergschäden abgebrochen werden. Heute steht hier ein Autohaus. (um 1935)

Vor dem Haus von Eduard Franke mit seiner Tischlerei stehen auf dem Damm für den Schlammteich der Lehrer und Kantor Johannes Hochstein und seine Ehefrau. (1931) Das Hochwasser im Januar 1932 (Bild rechts) richtete im Flussbett der Zwickauer Mulde beträchtliche Schäden an, die repariert wurden. Links ist die Gitterbrücke der Bockwaer Kohlenbahn zu sehen.

Kurz vor der Cainsdorfer Brücke fährt diese Straßenbahn in Richtung Wilkau-Haßlau. Unschwer ist der schlechte Zustand der Straße zu erkennen. (um 1971)

Der Stich von der Königin-Marien-hütte wurde etwa im Jahre 1856 angefertigt. Eine überdachte Holzbrücke überspannt die Zwickauer Mulde, die Staatseisenbahn endet auf dem Hüttengelände (die Lokomotive steht neben dem Hüttengasthof) und rechts qualmen die Koksöfen.

Direkt neben der alten Cainsdorfer Brücke entstand in der kurzen Bauzeit vom 26. Juni bis 12. Dezember 1932 die neue Brücke. (1932)

Nach dem Rohbau der neuen Cainsdorfer Brücke wurde die alte Brücke demontiert, deren Teile man in die Zwickauer Mulde fallen ließ. (1932)

Bockwa

Der Hüttengasthof, seit 1840 so genannt, stand unmittelbar neben den Anschlussgleisen zur Königin-Marienhütte. Nach dem Feuer im Jahr 1907 wurde er nicht mehr aufgebaut. Mitte der 1920er-Jahre etablierte sich auf dem Gelände das Betonwarenwerk der Gemeinde Cainsdorf. (um 1900)

Zwischen den Anschlussgleisen der Königin-Marienhütte und dem Hüttengasthof haben sich die mit Orden und Medaillen geschmückten Mitglieder des Schützenvereins für ein Erinnerungsfoto aufgestellt. (um 1900)

Am 1. April 1939 löste man die Gemeinde Bockwa auf, die Gemeindefläche wurde aufgeteilt. So kam die Brauereistraße mit ihren Wohnhäusern zu Cainsdorf. Im Hintergrund steht das Haus mit dem Restaurant „Wiener Spitze". Der Schornstein gehört zur Königin-Marienhütte Cainsdorf. (um 1926)

Die Arbeiterkrankenkasse der Königin-Marienhütte ließ in der Brauereistraße 8 im Jahre 1899 eine Badeanstalt für Wannenbäder errichten, die 41 Jahre in Betrieb war. Auf dem Bild ist hinter den Gleisen der Schwarzenberg–Zwickauer Eisenbahn die Rückansicht des Hauses zu sehen. (um 1950).

Für die Historiker war es sicher ein glücklicher Umstand, dass am 31. Juli 1897 die Bockwaer Senke vom Hochwasser der Zwickauer Mulde überschwemmt war, denn dadurch sind zahlreiche Fotos von den Schächten überliefert. Vorn links erkennt man das abgesackte Becher-Haus und im Hintergrund den C.G.-Falck-Schacht.

Dieser Schacht wurde 1875 von Sarferts Erben im Feld der Altgemeinde bis auf eine Teufe von 180,6 Meter geteuft und ging 1886 vertragsgemäß an das Steinkohlenwerk Altgemeinde Bockwa über. Der Schacht wurde 1950 verfüllt. Die Schornsteine (l.) gehörten zur Königin-Marienhütte. (um 1910)

Der Wasserhaltungsschacht I wurde im Jahre 1853 bis 210 Meter geteuft und diente zum Abpumpen des Grundwassers. (um 1900)

Das Hochwasser der Zwickauer Mulde überflutete am 31. Juli 1897 die Bockwaer Senke. Zum Glück bewahrte die hohe Aufsattelung des Neuen Wasserhaltungsschachtes diesen vor einer größeren Katastrophe. Das Falcksche Elektrizitätswerk an der Behringstraße soff aber ab.

Blick vom Oberhohndorfer Hang. Hinter dem Neuen Wasserhaltungsschacht erkennt man die Bockwaer Kirche. Die Gleise der Bockwaer Kohlenbahn führen zum Herschelschacht, der 1897 nach dem Hochwasser aufgegeben wurde. (um 1900)

Die Spülversatzanlage der Altgemeindeschächte zum Verfüllen der Stolln befand sich östlich der Gitterbrücke über die Zwickauer Mulde. Der Sand wurde abgekippt und über Druckluftrohre in die zu verfüllenden Stolln geblasen. (um 1925)

Im Jahre 1930 stieg das Ehepaar Gertrud und Johannes Lange (Lehrer) über Trümmer des verlassenen Altgemeindeschachtes. Der Schacht wurde 1938 noch einmal in Betrieb genommen.

Der Herschelschacht, nach seinen Besitzern Johann David (1760–1858), Johann David Cleophas (1820–1873) und seinen Erben so benannt, befand sich am Fuß des Oberhohndorfer Berges. Links steht das Haus der Familie Wiede, aus dem sie um 1895 auszog. (um 1900)

3
Die Bockwaer Kohlenbahn (BK)

Vom Alten Alexanderschacht aus (in der DDR Fahrübungsplatz an der Lengenfelder Straße) entstand dieses Bild der Muldebrücke der Bockwaer Kohlenbahn[3]. Man erkennt unter den Steinkohlenschächten hinter der Brücke, mit dem großen Schornstein, den Wasserhaltungsschacht und links daneben den Schacht Hering & Consorten sowie Falks Erben (am linken Bildrand). (1878)

Die Bockwaer Kohlenbahn (BK)

Diese detailgetreue Zeichnung zeigt das Bockwaer Kohlenfeld (r.). Links befindet sich der Bremsberg zu den von Arnimschen Schächten. Unweit der hölzernen Cainsdorfer Brücke betrieben Lists Erben einen Schacht, während beiderseits der Muldestraße Hering & Consorten auch einen Schacht und eine Kokerei betrieben. (2) Unten steht die Königin-Marienhütte. (um 1860)

Nach den guten Erfahrungen mit dem Bahnanschluss des Segen-Gottes-Schachtes war es eine logische Entwicklung, dass die Bockwaer Kohlenwerkbesitzer ebenfalls eine Lösung ihrer Transportprobleme anstrebten. Schon seit 1847 bemühten sie sich in Bockwa, Planitz und Cainsdorf, für ihre Schächte einen Eisenbahnanschluss zu schaffen. Alle Kohlenwerkbesitzer mussten ihre Kohlen, die nicht durch den Landabsatz verkauft wurden, mit Pferdefuhrwerken über die holprigen Straßen zu einem „Verladeperron" (Verladerampe) beim Bahnhof Zwickau fahren. Die Inbetriebnahme der Fiskalischen oder Staatskohlenbahn bis zur Königin-Marienhütte Cainsdorf im Jahre 1854 war die Voraussetzung für ein derartiges Projekt. Der sächsische Staat lehnte es jedoch ab, den Bockwaer Steinkohlengruben auf Staatskosten direkte Gleisanschlüsse zu schaffen. Er ließ sich auf einen Kompromiss ein: So wurden auf dem östlichen Muldeufer ein Sammelgleis für die Bereitstellung der Kohlenzüge und betriebstechnische Einrichtungen geplant. Seit dem 5. Juni 1855 existierte eine von den K. Sächsischen Staatseisenbahnen betriebene Ladestation am Bahnhof Bockwa. Bis dorthin mussten die Kohlenwerkbesitzer die Kohle trotzdem mühevoll mit Fuhrwerken transportieren und dann per Hand umladen. Das bereitete Ärger und Verdruss.

Die Bockwaer Kohlenbahn (BK)

Diese Karte aus der Zeit um 1862 zeigt das Bockwaer Kohlenfeld mit den Gleisen der Bockwaer Kohlenbahn. Rechts unten befindet sich der Bockwaer Bahnhof. Es gab zunächst eine Hauptlinie der Bahn mit 13 angeschlossenen Schächten, eine innere Linie mit elf und eine äußere Linie mit sieben Schächten. Das eiserne Material lieferte die Cainsdorfer Königin-Marienhütte, die Vogtländischen Wälder 7.900 Holzschwellen.

Die Bockwaer Kohlenbahn (BK)

Vom Alten Alexanderschacht geht der Blick über die Gleise der Bockwaer Kohlenbahn, die Laderampe und den Schacht J.F. Sarfert (ab 1902 Altgemeindeschacht II) in Richtung Oberhohndorfer Berg. Überall sind kleine Steinkohlenschächte zu sehen. (1878)

Deshalb gründeten die Grubenbesitzer des Bockwaer Reviers die Bockwaer Eisenbahngesellschaft. So konnten ihre Gruben zur Direktverladung der Kohle auf die Eisenbahnwaggons, damals Lowries genannt, übergehen. Die Einsparung von Kosten, die Verkürzung der Lieferzeiten und die Erhöhung der Liefermengen waren die wichtigsten Vorteile. Am 22. Dezember 1859 fand endlich die konstituierende Generalversammlung der Bockwaer Eisenbahn-Gesellschaft statt, bei der der Bau der Kohlenbahn beschlossen wurde. Die „Zwickauer Wochenzeitung" berichtete darüber[4]:

> „Der gewählte Ausschuss besteht aus:
> - dem unterzeichnenden Gutsbesitzer Carl Gotthilf Kästner als Vorsitzenden,
> - Herrn Gutsbesitzer David Herschel in Bockwa (Vicevors.),
> - Herrn Kaufmann Peter Robert Kraft in Leipzig,
> - Herrn Gutsbesitzer und Gemeindevorstand Christian Friedrich Kästner in Bockwa,
> - Herrn Kohlenwerksbesitzer Ferdinand Wolf daselbst als wirklichen,
> - und Herrn Gutsbesitzer Gottfried Ebert, Herrn Gutsbesitzer Johann David Klötzer, Herrn Gutsbesitzer und Ortsrichter Ernst Möckel allseits Bockwa als stellvertretenden Ausschussmitgliedern und hat den mitunterzeichnenden Kohlenwerksbesitzer Georg August Bauer als Director gewählt, was hiermit statutengemäß anerkannt wird. Bockwa, den 3. Januar 1860."

Nach der am 17. August 1860 von der sächsischen Regierung erteilten Genehmigung konnte am 4. Oktober desselben Jahres mit den Bauarbeiten begonnen werden, die unter Leitung des erfahrenen Oberingenieurs C. Sorge von der Sächsischen Westlichen Staatseisenbahn stand. Er hatte bereits beim Bau der Obererzgebirgischen Bahn eine ausgezeichnete Arbeit geleistet. An seiner Seite arbeiteten ein Sectionsingenieur, ein Ingenieur-Assistent und ein Bauschreiber. Am 22. Dezember mussten die Arbeiten wegen heftigen Schneefalls für längere Zeit unterbrochen werden. Das Gesuch der Privatgesellschaft an den Staat, den Bau der Bockwaer Kohlenbahn in dessen Hände zu legen, lehnte die Regierung jedoch wegen der durch die Bodensenkungen zu erwartenden hohen Kosten strikt ab. Die Folge war, dass die Gesellschaft für 30.850 Taler bei der Lokomotivfabrik Richard Hartmann in Chemnitz zwei Lokomotiven bestellen musste, um den Fahrbetrieb in eigener Regie aufnehmen zu können.

Schon am 4. September 1861 konnte die Bahnanlage in Betrieb genommen werden. Die Bockwaer Kohleneisenbahn war eine private Aktiengesellschaft mit 1.000 Aktien zu je 300 M Nominalwert (Stand 1898). Im Jahre 1862 waren folgende Steinkohlenwerke an das dichte Gleisnetz der Bockwaer Kohlenbahn angeschlossen[5]:

- Ebert, Gottfrieds Erben
- Falck, August
- Falck, Carl
- Falck, Gustav
- Franke, J. F.
- Friedrich, August
- Friedrichs Erben
- Günther, Gotthilf
- Hering & Consorten
- Herrschel, J. David
- Kästner, C. F.s Erben
- Kästner, Gottlieb
- Klötzer, Johann David
- Kraft & Lücke
- Lists Erben
- Oberhohndorfer Communschacht
- Pfarrlehn in Bockwa
- Reichelts Schacht
- Reinhold, Gotthold
- Sarfert, C. G.
- Sarfert, H. Ferdinands Erben
- Sarfert, Gotthold
- Würker, Gottlieb
- Würker, F. & Comp.

Ende 1861 befanden sich auf einer Strecke von 15,4 Kilometern 47 Ladestellen mit Anschlüssen von 42 Kohlenwerken. Im Jahre 1865 waren es sogar 58 Ladestellen, während 1902 davon nur noch zwei genutzt wurden (Altgemeindeschacht und Schacht C.G. Falck). Im Lauf der Jahre kamen weitere Schächte hinzu, wie z. B. C.G. Reinholds Schacht, der Bockwaer Communschacht, der Fritzscheschacht und der Schacht Klötzer sen. Dafür wurden andere Gruben abgeworfen. Im Jahre 1875 waren in Bockwa zum Beispiel 60 Schächte in Betrieb. 1884 wurde die Kohleförderung in 34 Schächten eingestellt.[6] Deshalb musste die Streckenführung öfters verändert werden. Die Schächte, die im Jahre 1861 über keinen Gleisanschluss verfügten, beluden die Waggons manchmal in gutem Einvernehmen bei der nächstliegenden Grube mit Gleisanschluss oder direkt am Sammelbahnhof Bockwa. Einige der Schachtbesitzer nutzten den Gleisanschluss bei der nahen Oberhohndorf–Reinsdorfer Kohleneisenbahn (zum Beispiel der F.-Ehrler-Schacht).

Die Bockwaer Kohlenbahn (BK)

Hinter der Königin-Marienhütte erstreckt sich das Bockwaer Kohlenfeld. Zwischen den Steinkohlenschächten verkehren Güterzüge. Im Hintergrund erhebt sich der Oberhohndorfer Berg, auf dem ebenfalls in Gruben nach dem „Schwarzen Gold" gegraben wurde. (um 1865)

3,13 Kilometer vom Zwickauer Bahnhof entfernt lagen am westlichen Muldeufer die Bockwaer Sammelgleise. Nach 375 Metern führte das Gleis auf einer Gitterbrücke über die Zwickauer Mulde zum Bahnhof und Ladeplatz Bockwa, der sich auf der östlichen Muldeseite befand, etwa gegenüber der Königin-Marienhütte. Die Laderampe mit einer Ladelänge von 250 Metern und einer Breite von 14 Metern bestand aus Mauerwerk mit gepflasterter Fahrbahn, die mit Granitplatten eingefasst war. Bis zur Rampe, die noch der Staatseisenbahn gehörte, verkehrten die K. Sä. Staatseisenbahnen, die die Kohlewagen abholten und leere Waggons bereitstellten. Für die Transporte von den Schächten bis zur Laderampe trug die Bockwaer Kohlenbahn die Verantwortung, die die verschiedenen Anschlussgleise zu den Kohlenwerken mit maximal 61 Ladestellen bediente. Die K. Sä. Staatseisenbahnen verkauften die Laderampe am 16. Dezember 1878 an die Altgemeinde Bockwa, die schließlich die Rampe am 3. Januar 1879 an die Bockwaer Kohlenbahn verpachtete. Einer der Gründe für diese Maßnahme war der geplante Kohleabbau im Gebiet unter der Rampe.

Das Gleisnetz hatte Ende 1861 eine Länge von 11,8 Kilometer. Der kleinste befahrene Bogenhalbmesser betrug 135 Meter, die maximale Steigung 1:40. 80 Weichen verzweigten die Bahn auf 46 Haupt- und Nebengleise. Das gesamte Gleismaterial und die Weichen lieferte die nahe Königin-Marienhütte Cainsdorf. Die Personalstärke betrug im Jahre 1865 bei einem Betrieb mit drei Lokomotiven und 16 Arbeitswagen

- 28 Mann Eisenbahnpersonal (1 Buchhalter, 2 Expedienten, 3 Lokführer, 4 Bremser, 5 Schaffner, 1 Oberbahnwärter, 12 Bahnwärter) sowie
- 30–35 Streckenbauarbeiter (wegen der ständigen Bodensenkungen) und
- 1 Eisenbahndirektor und 3 Verwaltungsangestellte.

Im Jahre 1872 konnte die Bahn – auf dem Höhepunkt ihrer Entwicklung – auf einer Fläche von etwa 900 x 1.200 Metern auf eine Gleislänge von 15,40 Kilometern verweisen. Man kann sich vorstellen, wie dicht das Gleisnetz war und wie viele kleine Steinkohlenschächte sich hier drängten. Wegen der Kurzlebigkeit der vielen Gruben kam es fast jährlich zu Anpassungen des Gleisnetzes an die Erfordernisse. 83 Wegeübergänge (1871) mussten angelegt und gewartet werden, damit die Bauern zu ihren Feldern kamen und die Schächte auch mit Fuhrwerken erreichbar waren.

Gleislängen, Ladestellen und Weichen der Bockwaer Kohlenbahn[7]

Datum/Jahr	Gleislänge	Weichen	Ladestellen	Bemerkungen
04.09.1861	11,05 km	76	46	5 Haupt- und 30 Zweiglinien
01.01.1862	11,80 km	80	47	46 Haupt- und Zweiglinien
1863	12,50 km	80		46 Haupt- und Zweiglinien
1865	13,90 km	80	58	46 Haupt- und Zweiglinien
1871	14,90 km	80	46	45 Haupt- und Zweiglinien
1872	15,40 km	80	47	46 Haupt- und Zweiglinien
1874	14,50 km	76	38	40 Haupt- und Zweiglinien
1875	15,35 km	79	35	35 Haupt- und Zweiglinien
1880	12,00 km	k. A.	k. A.	k. A.
1881	11,30 km		20	
1883	11,00 km		18	30 Haupt- und Zweiglinien
1884	10,87 km		15	27 Haupt- und Zweiglinien, 10 Werke
1885	9,50 km		13	23 Haupt- und Zweiglinien
1886	7,40 km		10	19 Haupt- und Zweiglinien
1890	7,44 km			377,5 m zum Schmelzverein verlegt
1891	5,48 km			
1892	6,91 km			am 3.3. neues Hauptgleis in Betrieb
1893	5,75 km			Bahnlänge 3,66 km
1996	5,84 km			Verlängerung Ladegleis Altgemeinde B.
1898	5,88 km			Bahnlänge 3,65 km
1899	5,20 km			Demontage Nebengleis Herschels Erben
1901	5,32 km			Bahnlänge 3,33 km, Falck-Gleis verlängert
1902	5,36 km	2		Schächte Altgemeinde und C.G. Falck
1908	5,55 km	2		Bahnlänge 3,33 km

Der Wagenverkehr (Versand- und Eingangsgüter) steigerte sich von 36.274 Waggons (1863) auf 101.205 Waggons (1873). Übrigens, seit 1862 wurde die Wagenladung nicht mehr mit 80 Zentnern, sondern mit 100 Zentnern (= 5 Tonnen) gerechnet. Danach waren die Zahlen mit 61.751 (1876) und 52.812 (1877) Wagenladungen rückläufig. Nachdem von 1886 bis 1889 sechs Steinkohlenwerke geschlossen hatten, kamen im letzten Jahr nur noch 37.038 Wagenladungen zum Versand. Bis Ende 1902, zum 40. Jubiläum der Bockwaer Kohleneisenbahn, waren seit 1861 von ihr 10.036.323 Tonnen Steinkohle an die K. Sä. Staatseisenbahnen übergeben worden.

Übrigens: Im Jahre 1884 diskutierte man zum wiederholten Male die Vereinigung von Bockwaer und Oberhohndorf-Reinsdorfer Kohleneisenbahn. Beim Wasserhaltungsschacht I sollte eine Verbindung zur ORK geschaffen werden. Die Idee wurde aber nicht realisiert. Wahrscheinlich waren die technischen Probleme der Streckenführung auf den Oberhohndorfer Berg zu groß.

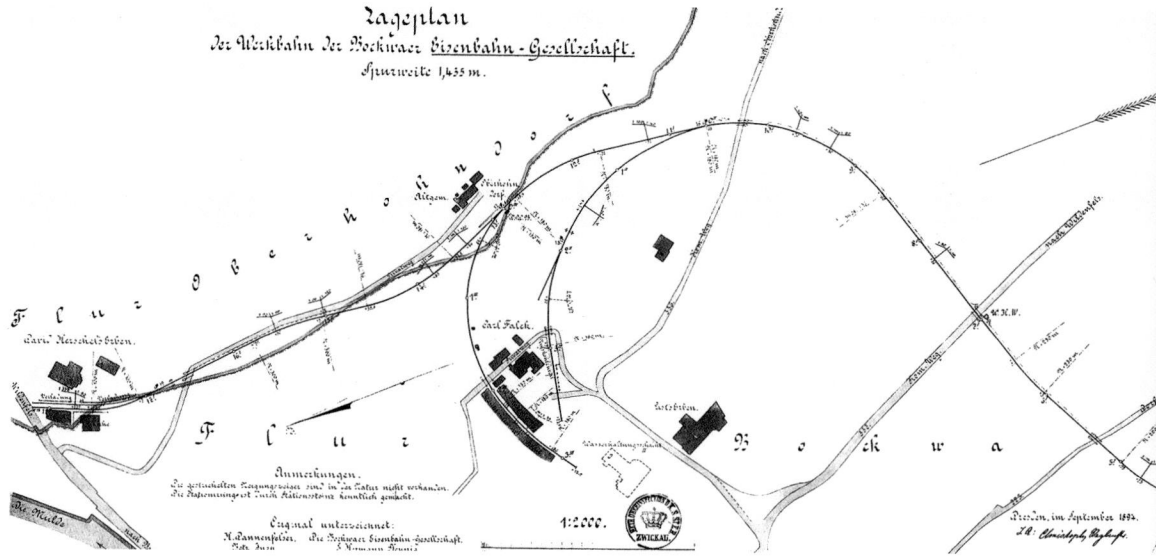

Ein Zweig der Bockwaer Kohlenbahn bediente im Jahre 1894 mit einer Trasse den Schacht der Altgemeinde Oberhohndorf, den C.G. Falck- und den Herschels-Erben-Schacht.

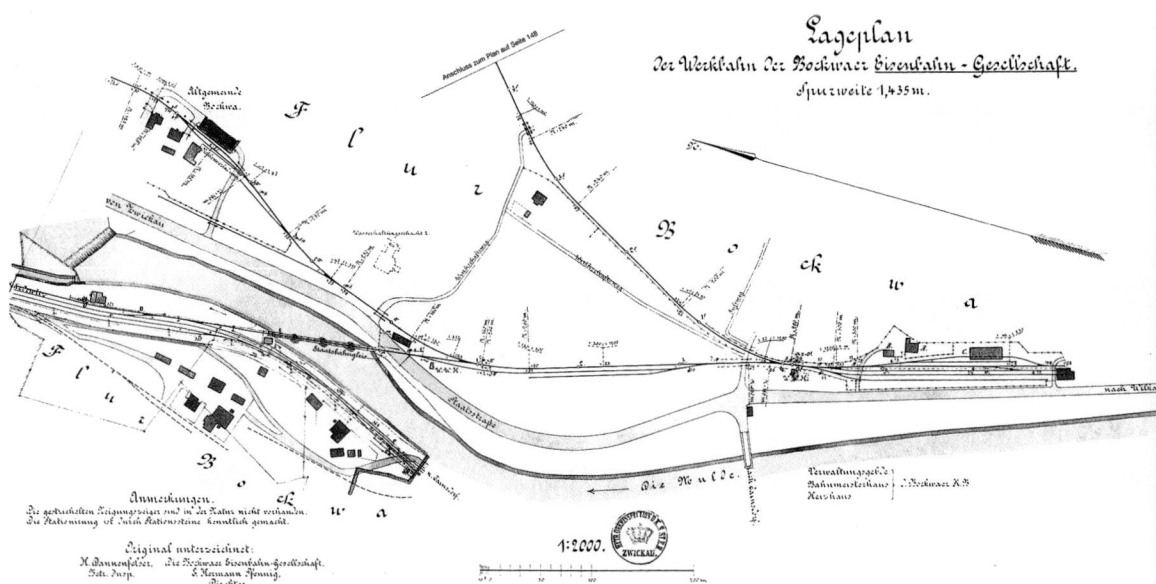

Der Lageplan zeigt den Abschnitt zwischen den Sammelgleisen (l.) und dem Bockwaer Sammelbahnhof (r.) mit den Gleisabzweigen zum Altgemeinde-/Reinholdschacht und zum C.G. Falck-/Herschels-Erben-Schacht. Neben dem Bockwaer Bahnhof waren 1861 ein Maschinenhaus und ein Direktorialgebäude errichtet worden. (1894)

Links ist der C.G. Falk-Schacht zu erkennen, während rechts der Neue Wasserhaltungsschacht steht. Zahlreiche Lowries sind vor dem Hochwasser im Juli 1897 in Sicherheit gebracht worden. Links vom Wasserhaltungsschacht befindet sich der kleine Oberhohndorfer Altgemeindeschacht II. (1897)

Die Bockwaer Kohlenbahn (BK)

Entwicklung des Wagenverkehrs der Bockwaer Kohlenbahn ab Bockwaer Ladeplatz (in Ladungen, 1 Ladung = 100 Zentner = 5 Tonnen, Zahlen gerundet) und der Dividende (%)

Jahr	Steinkohleladungen	Grubenbedürfnisse	tägl. Ladungen	Dividende (%)
1861/62	33.739	189	88	7
1863	36.146	128	121	10
1864	53.400	205	179	16
1865	59.232	253	198	20
1868	68.601	293	230	30
1870	75.886	361	254	61
1871	81.712	774	275	65
1872	89.307	1.070	301	76
1873	101.205	1.350	342	63
1874	80.475	957	272	60
1875	73.885	1.291	250	60
1876	61.751	2.510	214	47
1877	52.812	1.680	182	40
1878	46.661	1.405	160	30
1879		56.229 (gesamt)	187	30
1880	65.785	3.641	231	40
1882	62.219		207	42
1883	69.964	3.763	246	44
1885		66.186 (gesamt)	221	50

Nach 1873 war die bisher stürmische Entwicklung der Transportmengen wegen der „allgemeinen Geschäftsstockung" und damit verbundener Absatzschwierigkeiten zunächst stark rückläufig. Im Jahre 1877 orakelte das „Leipziger Tageblatt"[9] : „(...) wenn alle Kohlen alle sind, ist jene Bahn nur noch das alte Schieneneisen und weiter gar nichts Werth. Schon seit einiger Zeit ist auf der Bockwaer Kohlenbahn wegen verminderter Ausbeute ein bedeutender Rückgang in der Kohlenverfrachtung zu constantieren, das wird sich von Jahr zu Jahr rapid steigern, denn in höchstens zehn Jahren sind die Kohlen überhaupt abgebaut." Nun, die Vorhersage stimmte so nicht, aber selbst die Direction der Bockwaer Kohlenbahn ging vorsichtig von einer rückläufigen Entwicklung der Transportzahlen aus: „Die Direction knüpft jedoch daran die Bemerkung, dass es kaum zu erwarten sei, dass der Verkehr noch steigen werde. Im Laufe des gegenwärtigen Jahres werden zwar einzelne neue Werke zur Förderung kommen, dagegen werden andere zur Zeit bestehende Werke inzwischen den Betrieb einstellen, weil der Abbau ihrer Kohlen beendet wird, ein Fall, der schon bei mehreren Schächten eingetreten ist."[10]

Ab 1879 konnten die Transportmengen kurzfristig noch einmal gesteigert werden.[11] 1884 hieß es: „(...) nachdem von den an genannter Bahn gelegenen Kohlenwerken schon im Jahr 1882 mehr versendet wurde, (ist) der Kohlenversand im verflossenen Jahr abermals, und zwar um 12,45 % gestiegen. Es wurden im Jahr 1883 im Ganzen 69.964 Wagenladungen Kohlen und diverse Güter zu je 5.000 kg zum Versand gebracht (gegen 62.219 Ladungen im Vorjahr) und die Frachteinnahmen beliefen sich auf zusammen 206.970 M (gegen 187.812 M im Vorjahr)."

Die Verladung von Kohle über die Laderampe Bockwa war ebenfalls stark zurückgegangen. Da bis 1884 insgesamt 34 Schächte (bis 1887 sogar 40 Schächte) die Förderung eingestellt hatten, verlor die Bockwaer Kohleneisenbahn ihre Bedeutung. So waren 1890 nur noch 5,65 Kilometer Gleis in Betrieb. Seitdem verringerten sich die Transportmengen deutlich – die Kohlenvorräte der Gruben erschöpften sich.

Die Bockwaer Kohlenbahn besaß drei Lokomotiven mit den Namen MULDENTHAL, BOCKWA und ROSS. Sie stammten alle aus der bekannten Lokomotivfabrik Richard Hartmann in Chemnitz. Die drei Lokomotiven legten 1873 insgesamt 39.150 Kilometer zurück; davon 35.745 Nutzkilometer und 876.900 Achsenkilometer der fremden Güterwagen und 41.963 Achsenkilometer der eigenen Arbeitswagen. 1874 legten die drei Lokomotiven eine Strecke von 42.850 Kilometern zurück (in 25 Jahren insgesamt 717.600 km). Im Gegensatz zu den Lokomotiven gehörten die meisten der benutzten Waggons den K. Sä. Staatseisenbahnen oder anderen Bahnen. 1874 „coursirten 47.482 Wagen, davon 40.402 K. Sächsische, 6.764 K. Baiersche, 174 der Baierischen Ostbahn, 24 der Kaiser-Franz-Joseph-Bahn, 4 Thüringer, 2 Bergisch-Märkische, 7 Leipzig-Dresdner und 15 Zittau-Reichenbacher", so der Geschäftsbericht der Bockwaer Kohlenbahnverwaltung. Inzwischen hatte sich die Bockwaer Kohlenbahn 16 Arbeitswagen für Bau- und Unterhaltungsmaterialtransporte angeschafft.

Die Lokomotive ROSS (Fabrik-Nr. 5) wurde 1848 gebaut und an die Sächsisch-Bayerische Eisenbahn-Compagnie geliefert. Sie gehörte zur Gattung I, Bauart 1Bn2. Im Jahr 1861 wurde sie zur Tenderlokomotive umgebaut und 1864 an die Bockwaer Kohleneisenbahn veräußert. Im Jahr 1887 wurde die ROSS ausgemustert. Sie soll verunglückt sein. Die Lokomotiven BOCKWA (Fabriknr. 163) und MULDENTHAL (Fabriknr. 164, Preis: 15.425 Taler) wurden im September 1861 in Dienst gestellt. Sie gehörten der Gattung IIb T an (die Bauart lautete 2'Bn2t) und wurden im Lokschuppen der Bockwaer Kohleneisenbahngesellschaft untergebracht. Heute nutzt den massiven Schuppen ein Steinmetzbetrieb[12]. Die BOCKWA musste 1940 außer Betrieb genommen werden.

Als sich Preußen und Österreich-Ungarn mit Sachsen um die Vormacht im Deutschen Reich stritten, erklärte Preußen am 14. Juni 1866 den Deutschen Bund für aufgelöst. Zwei Tage später überschritten die preußischen Truppen unter General Herwarth von Bittenfeld in drei Kolonnen die sächsische Grenze. Während dieses Deutschen Krieges wurden die Lokomotiven ROSS und BOCKWA, im Bockwaer Lokschuppen versteckt, durch die preußischen Truppen kurzzeitig requiriert, da deren Kommandant die Lokomotive als sächsische „Staatslok" betrachtete. Der Autor eines Artikels in der „Sächsischen Volkszeitung" vom 27. Juni 1929 sprach von der Lokomotive SCHAFF der ORK, irrte sich aber, denn diese Lokomotive der Oberhohndorf-Reinsdorfer Kohleneisenbahn war eine „Staatslok". Alle sächsischen Staatslokomotiven (140 Stück) waren nämlich „auf der Flucht nach Böhmen und Ungarn", damit sie den Vormarsch der Preußen nicht unterstützen mussten. Am Morgen des 19. Juni 1866 stauten sich 19 Lokomotiven und zahlreiche Waggons auf dem linken Gleis nach Reichenbach, während auf dem rechten 25 Züge aus Richtung Werdau mehr standen als fuhren. Die von den Eisenbahnern vergrabenen Kurbeln der Bockwaer Lokomotiven mussten zwangsweise herausgegeben werden. Danach unternahmen die Preußen eine „Recognizierungsfahrt" bis Werdau, um festzustellen, ob die Bayern vorrücken. Da sich die Lokomotive aber in Privateigentum (Aktiengesellschaft) befand, wurde sie von den Preußen wieder zurückgegeben.

Im Lauf der Jahre ereigneten sich beim Bahnbetrieb auch zahlreiche Unfälle. Die „Dresdner Nachrichten" veröffentlichten 1859 folgenden Bericht[14]: „Am 15. November 1859 früh um 7 Uhr stießen infolge des heftigen Schneegestöbers, welches verhinderte, nur einigermaßen weit zu sehen, auf der Zwickauer Kohlenbahn zwischen der Schedewitzer Fabrik und dem Bockwa-Anger ein beladener und ein leerer Kohlenzug zusammen, wobei zwei Lowries aus dem Gleise und den Damm hinunter geworfen wurden, eine Locomotive der Puffer beraubt und der Bremser Mäder beim Herabspringen sich das Rückgrat bedeutend verstauchte."

Die Lokomotive MULDENTHAL arbeitete von 1923 bis 1952 noch als Werkslokomotive beim Erzgebirgischen Steinkohlen-Aktienverein (ESTAV)/VEB Steinkohlenwerk „August Bebel". Bei einer Revision im Jahre 1951 wurde übrigens der Originalkessel für in Ordnung befunden und die Betriebserlaubnis verlängert – ein Beispiel für die Qualitätsarbeit im 19. Jahrhundert. Seit 1956 kann jeder Besucher die im RAW „Einheit" Leipzig-Engelsdorf aufgearbeitete Lokomotive im Dresdner Verkehrsmuseum im Originalzustand (ohne Führerhaus) besichtigen.

Die Bockwaer Kohlenbahn (BK)

Die Lokomotive MULDENTHAL der Bockwaer Eisenbahngesellschaft, hier noch ohne Führerhaus, wurde 1861 von der Firma Richard Hartmann in Chemnitz gebaut und ist heute im Dresdner Verkehrsmuseum zu bewundern. Die Lok kann 50 km/h fahren.

Die Lokomotive MULDENTHAL erhielt während eines Umbaus ein Führerhaus. Hier wird sie für Schotter- und Erdtransporte eingesetzt. Die Arbeiter sind wahrscheinlich mit dem Gleisrücken und Gleisreparaturen infolge Bergschäden beschäftigt. (um 1885)

Die Lokomotive BOCKWA, ebenfalls von der Chemnitzer Firma Richard Hartmann gebaut, wurde im September 1861 in Dienst gestellt. Sie musste nach dem Ersten Weltkrieg verschrottet werden und ist durch eine zweite Lok namens BOCKWA ersetzt worden.

Die Werklok der Altgemeindeschächte in Bockwa trug an der Seite die Inventarnummer 469-1-12. Der Fotograf, Lokführer Günter Meyer, hatte wegen des Fotografierverbotes (Geheimnisverrat) beträchtliche Schwierigkeiten mit der Staatssicherheit der DDR. (1953)

Das Hochwasser am 31. Juli 1897 führte zu einer Unterbrechung des Eisenbahnbetriebes bis zum Februar 1900. Nahezu 2.000 Meter Eisenbahndamm standen unter Wasser. Etwa ein Viertel davon war anschließend nicht mehr befahrbar und musste fast ein Jahr lang mühsam instandgesetzt werden. Das Steinkohlenwerk Herschels Erben musste sogar abgeworfen werden, während die anderen „abgesoffenen Gruben bis Mitte 1899 in der Förderung behindert waren".[15] Die private Kohlenbahn in Bockwa hatte naturgemäß mit erheblichen technischen Problemen zu kämpfen. Gleisverwerfungen, Erdeinbrüche (in die etliche Gleisanlagen und am 15. September 1868 sogar ein Bahnwärterhaus versanken!), beträchtliche Senkungen und die ständigen Anpassungen an die neu geteuften oder geschlossenen Schächte verursachten hohe Kosten. Terraineinbrüche bei dem damaligen Abbauverfahren (ohne dichten Versatz) und das zu Bruch neigende Deckgebirge wurden in Kauf genommen. Messungen im Jahr 1890 ergaben, dass einige Schienen bis zu neun Meter tiefer lagen als zum Zeitpunkt der Verlegung! Ständiges Nachstopfen der Gleise war an der Tagesordnung. In der „Uebersichtskarte der Kohlenbahnen bei Zwickau" (siehe Nachsatz) waren mehrere Brüche eingezeichnet, so zum Beispiel in der Nähe der Schächte von Johann Gottlieb Sarferts Erben und Gottfried Eberts Erben, in deren Bruchzone die Gleise verliefen. Folgende große Einbrüche verursachten erhebliche Schäden:

- 1867   etwa 25 x 12 m   17 m tief
- 15.09.1868   etwa 28 m im Durchmesser 27 m tief
- 18.05.1884   etwa 14 m im Durchmesser 32 m tief

Schon im zweiten Jahr des Bestehens (1862) mussten 6.353 Kubikmeter Verfüllmassen zur Bahnkörperunterhaltung bewegt werden; 1873 waren es sogar fast 22.380 Kubikmeter. In 25 Betriebsjahren errechnete man eine Menge von 436.000 Kubikmetern nachgeschütteten Materials. Das schlechte Streckennetz führte zu Konsequenzen. Die K. Sä. Staatseisenbahnen legten 1879 westlich der Zwickauer Mulde ein neues Sammelgleis an, auf dem aus den einzelnen Wagen der Steinkohlenwerke die Züge zusammengestellt wurden. 1897 wurde die Bockwaer Kohlenbahn von der Altgemeinde Bockwa verpflichtet, „die Wagen in der Nähe der Staatseisenbahnbrücke so bereit zu stellen, dass die Lokomotive der Staatsbahn die in Bruch gehenden Gleise nicht berühren muss." Auch im Geschäftsbericht für das Jahr 1883 klagte die Bahnverwaltung „mehrfach über die Schädigung durch Terrainsenkungen." Sogar das „Elbeblatt und Anzeiger" berichtete 1868 von einem Tagebruch[16]: „In der Nähe des Klötzer & Co. gehörigen Kohlenwerkes auf Bockwaer Flur ist letzte Nacht ein ziemlich umfänglicher Theil des Erdreichs unter der Bockwaer Kohlenbahn zu Bruch gegangen und zwar bis zur Tiefe von vielleicht 30 bis 40 Ellen. Der Betrieb ist glücklicher Weise durch ein drittes Gleis gesichert."

Der Auszug aus einer Mitteilung über die Betriebsverhältnisse zeigt den Vergleich zwischen den bewegten Massen zur Bahnkörperunterhaltung (m³) zu den Transportlasten der Kohlenbahn:

Jahr	Massen	Lasten
1862	6.353 m^3	169.640 t
1865	16.551 m^3	297.425 t
1870	17.605 m^3	381.235 t
1873	22.380 m^3	527.820 t
1875	13.096 m^3	65.480 t

Rechts vom Wasserhaltungsschacht II in der Bockwaer Senke fährt ein Eisenbahnzug, der wahrscheinlich vom Herschelschacht oder vom J.G. Sarferts Erben-Schacht (später Altgemeindeschacht II) kommt. (um 1895)

Rechts neben dem Reinholdschacht stehen Lowries der Bockwaer Kohlenbahn. Hinter dem Schacht erkennt man das Würckergut, die Bockwaer Kirche und die Schornsteine des Herschel- und des Forstschachtes. (1878)

Die Bockwaer Kohlenbahn (BK)

Trotz der ständigen Bodensenkungen und Tagebrüche war die Bockwaer Kohlenbahn eine, wenn nicht gar die effektivste Privatbahn im Deutschen Reich. In der „Zeitung des Vereins deutscher Eisenbahn-Verwaltungen" Nr. 54 vom 8. Mai 1872, die deutschlandweit erschien, wurden die beiden Kohlenbahnen (BK und ORK, d. A.) ausdrücklich gelobt:

„Wenig genannt und bekannt, aber darum doch in einem Hauptpunkte, nämlich ihrer Lucrativität an der Spitze nicht blos der Sächsischen, sondern vielleicht auch der Deutschen Eisenbahnen stehend, sind zwei kleine Kohlenbahnen, die Bockwaer und die Oberhohndorf-Reinsdorfer, beide im Zwickauer Kohlenbecken gelegen." Mit „Lucrativität" war das ausgezeichnete wirtschaftliche Ergebnis der Kohlenbahnen gemeint. Im ersten Jahr der Dividendenzahlung (1862) konnte auf die Aktie nur eine Dividende von 7 Prozent gezahlt werden. In einer Festschrift zum 25. Jubiläum der Kohlenbahn (1886) wurde festgestellt, dass bis zu diesem Zeitpunkt das 9,8-fache des eingezahlten Aktienkapitals als Dividende ausgeschüttet worden war. Es gab Jahre, in denen 50 Prozent Dividende gezahlt wurden.[17] Im Jahre 1891 sank allerdings die Dividende wegen des Rückgangs der Fördermengen erstmals wieder auf „normale" 13 Prozent. Dennoch war die Beteiligung an der Kohlenbahn für die Aktionäre ein großes Geschäft.

Im erfolgreichsten Jahr (1873) wurden sagenhafte 76 Prozent Dividende ausgeschüttet! Am jeweiligen Ende der Jahre 1864 bis 1883 zahlte die Aktiengesellschaft Frachtrückvergütungen in Höhe von 13,7 Prozent, d. h. 15 Ngr. Frachtermässigung für jede im Jahr 1873 versendete Wagenladung Kohle an die Werksbesitzer.

Am 4. September 1886 feierte die Bockwaer Privatkohlenbahn ihr 25-jähriges Bestehen. In der „Zeitung des Vereins deutscher Eisenbahn-Verwaltungen" wurde über die Feierlichkeiten ausführlich berichtet: „Am 4. September d. J. oder auf Bahnhof Bockwa das 25-jährige Bestehen der Bockwaer Privat-Kohlenbahn, bekanntlich der einzigen nicht im Staatsbetrieb stehenden größeren Privateisenbahn Sachsens, in einfacher und würdiger Weise gefeiert, indem der langjährige und verdiente Direktor der Bahn, Herr Baurath Modes, an das versammelte Bahnpersonal eine längere Ansprache hielt, und unter dasselbe Gratifikationen in der Höhe von 25 bis 135 M, meist auf Sparkassenbücher eingezahlt, zur Vertheilung brachte. Fünf ältere Beamte erhielten außerdem noch Ehrengeschenke, an zwei derselben aber sind von Sr. Majestät dem König Ordensdekorationen verliehen worden. Die Bockwaer Kohlenbahn zählt jedenfalls zu den eigenthümlichsten der bestehenden Bahnen. Zunächst erfreut sie sich der günstigsten finanziellen Verhältnisse. [...] Die baulichen Anlagen bieten nichts Besonderes. Von der Gleislänge von 9,5 km sind 2,5 km horizontal und 7 km geneigt. Die stärkste Steigung ist 1:28, die schärfste Kurve hat einen Halbmesser von 110 m. Dagegen sind die Betriebsverhältnisse wohl einzig in Ihrer Art. Sämmtliche Haupt- und Zweiglinien liegen nämlich auf Kohlenareal und zwar am Austriche der Kohlenflötze, dergestalt, dass zwischen dem Gleisoberbau und den Flötzen nur eine dünne Decke liegt. Sobald nun Kohlen abgebaut werden, senkt sich das Terrain und damit auch der Bahnkörper, so dass nicht selten an Stellen, wo gestern noch Neigung vorhanden war, heute eine horizontale oder Fall zu beobachten ist. Ausserdem sind vielfach Tagesbrüche bis zu 20 m Breite und 25 m Tiefe unter den Gleisen vorkommen. [...]" Durch Bodensenkung kam es zur Aufschüttung von Eisenbahndämmen bis sechs Meter Höhe.

Die Gleise der Bockwaer Kohlenbahn waren meist in schlechtem Zustand. Auf dem Bild ist das Anschlussgleis der Altgemeindeschächte zu sehen. (um 1910)

Das Hochwasser am 31. Juli 1897 führte zur Unterbrechung des Eisenbahnbetriebes der Bockwaer Kohlenbahn. Bei dem Haus in der Bildmitte handelt es sich um die Behringstraße 4.

Im Geschäftsbericht für das Jahr 1886 wurden weitere interessante Zahlen genannt: „1.589.503 Wagenladungen Kohlen zu je 5.000 kg wurden versendet, 40.463 Wagenladungen Holz und andere Güter empfangen, 3.995 Wagenladungen Kohlen und verschiedene Güter innerhalb der Bahn verfrachtet und 85.766 Wagenladungen Bau- und Unterhaltungsmaterial befördert und zu Bahnzwecken verwendet. Die Gesamtbahnkosten der Bahn mit Einschluss der Erweiterungen betrugen 723.000 M, die Betriebseinnahmen 5.566.786 M und die Betriebskosten 2.181.988 M." Der Reingewinn, der zu großen Teilen auf die Aktionäre aufgeteilt wurde, betrug demnach 2.661.798 Mark.

Manchmal zog der technische Fortschritt auch bei der Bockwaer Kohlenbahn ein: Inbetriebnahme einer Telegrafenleitung zwischen Bahnhof Cainsdorf und Bahnhof Bockwa (1883), Anschluss der Gesellschaft an das Telefonnetz und Einführung breiterer Güterwagen durch die Staatsbahn (1893). Im Jahre 1897 wurde ein interessantes Projekt vorgeschlagen. Eine Drahtseilbahn sollte ab der Wäsche vom Morgensternschacht I die Kohle nach der Kohleneisenbahn in Bockwa transportieren. Wegen zu hoher Gebühren durch die Bockwaer Eisenbahn-Gesellschaft wurde das Projekt jedoch fallen gelassen. Auch für die Mitarbeiter gab es Fortschritte: Sie wurden von der Eisenbahngesellschaft 1889 (vom Aufsichtsrat und dem Eisenbahndirektor) gemeinschaftlich angestellt. Die Anstellungsurkunden und die Dienstanweisungen überreichte der Aufsichtsratsvorsitzende. 1892 wurde auch endlich von der Gesellschaft eine Unterstützungs- und Pensionskasse eingeführt.

Im Jahr 1903 förderten nur noch die Steinkohlenwerke von Carl G. Falk und der Altgemeinde (2 Schächte) Steinkohle. Deshalb erwarb das Steinkohlenwerk Altgemeinde von der Bockwaer Kohlenbahn die Aktienmehrheit und führte ab 1. September 1909, mit Zustimmung der Generaldirektion der K. Sä. Staatseisenbahnen, die Bockwaer Kohlenbahn unter dem Namen „Altgemeinde" weiter. Im Jahre 1913 übernahm der Erzgebirgische Steinkohlen-Aktienverein (ESTAV) das Steinkohlenwerk Altgemeinde, womit per 1. Januar 1914 auch die Kohlenbahn zum ESTAV überging. Der schwelende Streit zwischen den K. Sä. Staatseisenbahnen und der Werkbahn des ESTAV über die Grenze zwischen beiden Eisenbahnen wurde endgültig 1916 geklärt. Sie befand sich am Ende der Muldebrücke auf Bockwaer Seite.

Von 1949 bis 1951 wurden die Altgemeinde-Schächte stillgelegt und verfüllt. Schon 1948 erfolgte der Abbruch der Gleisanlagen mit Ausnahme des Anschlusses des VEB Baustoffversorgung Zwickau, der sich auf dem Gelände des Steinkohlenwerkes Altgemeinde eingerichtet hatte. Dieser Betrieb übernahm bis 1953 die Verantwortung für den Gleisanschluss. Statt von der Bockwaer Kohlenbahn sprach man jetzt von der Industriebahn Altgemeinde. Zwischen 1958 und 1963 wurde das Anschlussgleis noch einmal von der Anschlussbahn des VEB Steinkohlenwerkes „Martin Hoop" genutzt. Die seit 1950 gewonnene Teichfilterkohle aus den Absetzbecken auf Bockwaer Flur musste weiter abtransportiert werden.

Im Jahre 1991 wurde der Eisenbahnbetrieb stillgelegt, 2004 wurden die Gleise und die Muldebrücke demontiert. Die auf dem ehemaligen Bahngelände angesiedelten Firmen (u. a. ein Baustoff- und ein Betonlieferant) setzten auf den Straßentransport. Heute erinnern nur noch wenige steinerne Zeitzeugen längs der ehemaligen Trassen an diese so außerordentlich erfolgreiche Kohlenbahn.

4
Oberhohndorf

An der Wildenfelser Straße stehen die Häuser Nr. 1, 3 und 2. Die ersten beiden Häuser fielen der neuen Streckenführung der Straße beim Bau der Schedewitzer Brücke zum Opfer. (um 1950)

An der Straße Am Hang stehen die Häuser Nr. 6, 8 und 10, die in den 1920er-/30er-Jahren erbaut wurden. Die Baugrube im Vordergrund diente dem Bau der Hilfsschule (1953/54).

Am Hang 4, im Zwickel zur Wildenfelser Straße, befand sich ab 1954 die Rudolf-Weiß-Schule I. Jetzt empfängt daneben (Wildenfelser Straße 2A) das Service-Center des TÜV Süd seine Kunden. (um 1955)

Das Pfarramt an der Wildenfelser Straße 1 gehört der Evangelisch-Freikirchlichen Gemeinde. (um 1952)

Das Wohnhaus Wildenfelser Straße 20 war das frühere Beamtenwohnhaus des Falckschachtes. Hier wohnten in den 1920er–1940er-Jahren die Familien des Kaufmanns Hans Günther und des Angestellten Johannes Falck. (1926)

Der Blick gleitet über das Feld des Bauern Ehrler zu den Rückseiten der Wohnhäuser Wildenfelser Straße 44 und 48. Im Hintergrund erkennt man die Brückenbergschächte III (l.) und I. (um 1938)

Wahrscheinlich 1954 oder 1955 fand im Saal des „Café Rösch" diese Faschingsveranstaltung der Oberhohndorfer Schule statt. Kinder in Pionierkleidung schauten ihren verkleideten Klassenkameraden zu. (um 1954)

Oberhohndorf

Die Bergarbeitersiedlung befindet sich auf dem sogenannten Mädlerberg an der Unteren und Oberen Siedlungsstraße. Die Häuser entstanden Mitte/Ende der 1920er-Jahre. (um 1930)

Vom Oberhohndorfer Hang aus, auch Weinberg genannt, geht der Blick über die Behringstraße (Nr. 6 unten) und die Bockwaer Senke. Heute verläuft hier die Straße Am Weinberg (Häuser Nrn. 10 und 12). (1960)

In der August-Schlosser-Straße 55 steht dieses ehemalige Beamtenhaus. Auf dem Feld werden mühevoll Pflanzen eingebracht. (um 1955)

Der Kleingartenverein „Gartenfreunde" e. V. Oberhohndorf, vor 1945 auch als Schreberverein bezeichnet, wurde am 15. Februar 1920 gegründet. Das Gartenheim errichteten die Gartenfreunde im Jahre 1924. Heute werden 67 Parzellen bewirtschaftet. (1926)

Die Aktie des Oberhohndorfer Schader-Steinkohlenbauvereins vom 27. Juni 1860 hatte einen Wert von 90 Thalern. Bei den abgebildeten Schächten handelt es sich wahrscheinlich um den Hermann- und den Augustusschacht. Die beiden Schächte nahe der Wildenfelser Straße (früher Lößnitzer Straße) wurden anfangs als Niederer und Oberer Schaderschacht bezeichnet. Der Stempelabdruck „Abschlag 40 Mark C. Wilh. Stengel" weist auf das Bankhaus Stengel am Zwickauer Hauptmarkt 20 hin.

Die Porzellanfabrik Friedrich Kästner wurde im Jahre 1883 gegründet und 1971 geschlossen. Unten verzweigen sich die Gleise der ORK zum Sammelgleis Reinsdorf. Die Wohnungen für die Angestellten und Arbeiter befanden sich (v.l.) in der Lothar-Streit-Straße 41, Wildenfelser Straße 66, August-Schlosser-Straße 19–21, Bauernweg 12/12b, Helmholtzstraße 15b/August-Schlosser-Straße 26. Die letzte Adresse ist unbekannt. (um 1910)

In der Porzellanfabrik Friedrich Kästner haben sich Mitarbeiter für ein Foto versammelt. Zweiter von links (sitzend) ist der Modelleur Friedrich Pauker. (um 1925)

5
Die Oberhohndorf-Reinsdorfer Kohlenbahn (ORK)

Nach der Höherlegung der Gleise und dem Bau der Brücke über die Reichenbacher Straße für die Personenzüge von/nach Schwarzenberg und die Kohlenzüge (direkt neben der Firma Friemann & Wolf, r.) wurden die Bahnschranken für die ehemaligen, ebenerdigen Kohlenbahngleise überflüssig. (um 1929)

Die Oberhohndorf-Reinsdorfer Kohlenbahn (ORK)

Im Zentrum des Bildes befinden sich der Bürgerschacht II und dahinter die Keramischen Werke Fickentscher. Unter der Brücke der Werkstättenstraße liegen die Gleise der Bockwaer und Oberhohndorf-Reinsdorfer Kohlenbahnen und daneben die beiden Gleise der Schwarzenberg–Zwickauer Linie. Oberhalb sieht man die Trasse der Von Arnimschen Kohlenbahn und darüber den Bahnanschluss der Bürgerschächte. (um 1928)

Die Eigentümer der nicht an die Fiskalische Staatseisenbahn nach Cainsdorf und Bockwa angeschlossenen Kohlenwerke erkannten sofort, welche Vorzüge ein Gleisanschluss für sie bringen würde. Ein Kostenvoranschlag ermittelte eine Bausumme in Höhe von 290.000 Talern (1 Taler = 3 Mark). Nach einer Beratung am 10. März 1857 mit dem Regierungsrat von Carlowitz bildeten auch die Steinkohlenwerksbesitzer in Oberhohndorf und Reinsdorf eine Interessengemeinschaft zum Bau einer Kohlenbahn. Die am 10. Mai 1858 während der 1. Generalversammlung im Gasthof „Zur Grünen Tanne" (am Kornmarkt) mit einem Startkapital von 178.200 Talern gegründete Aktiengesellschaft Oberhohndorf-Reinsdorfer Kohleneisenbahn (Abkürzung ORK) hatte 594 Aktien zu 300 Mark herausgegeben (zum Vergleich: Im Jahre 1898 besaß sie 1.782 Aktien zu 450 M = 801.900 M). Diese Aktiengesellschaft erhielt am 30. Juni 1859 mittels Ministerialer Verordnung Nr. 54 die Baugenehmigung.[18] Der erfahrene Oberingenieur C. Sorge (u. a. Bauleiter der Schwarzenberg–Zwickauer Eisenbahnstrecke) wurde wieder mit der Bauleitung betraut. Die Kohlenbahn sollte für den Oberhohndorfer Schader-Steinkohlenbau-Verein (mit Hermann- und Augustusschacht), den Oberhohndorfer Forst-Steinkohlenbauverein (Forstschacht), den Zwickau-Oberhohndorfer Steinkohlenbau-Verein (Wilhelmschächte I, II und III), die Gewerkschaft Morgenstern (Morgensternschächte I und II) und zahlreiche kleinere Gruben, so zum Beispiel die Florentin-Kästner-Schächte I und II (ab 1930 Morgensternschächte VII und VIII) tätig werden. Das Hochwasser der Zwickauer Mulde im August 1858 verzögerte den Baubeginn der Trasse zunächst bis zum Juni des Folgejahres. Dann begannen engagiert die Bauarbeiten, an denen sich zahlreiche ausländische Arbeiter beteiligten.

Die Oberhohndorf-Reinsdorfer Kohleneisenbahn konnte am 25. September 1860 bis zum Forstschacht und zur Coakserei Baron von Milkaus in Betrieb genommen werden. Bis zum 12. November folgte die Strecke bis zum Sammelgleis Reinsdorf. Im März 1861 bot die Eisenbahngesellschaft während ihrer Generalversammlung den Steinkohlenwerken auf dem Oberhohndorfer Berg an, sich der Kohlenbahn anzuschließen. Der Betrieb auf den Gleisanlagen mit 13,29 Kilometer Länge und 64 Weichen konnte schon am 3. Januar 1862 aufgenommen werden. Wenn die Güterzüge vom Bahnhof Zwickau zu den einzelnen Schächten fuhren, nutzten sie die Gleise von zwei verschiedenen Eigentümern: von Kilometer 0,000 bis Kilometer 1,718 (vor dem Sammelbahnhof Schedewitz) die der Staatseisenbahnen und bis zum Ende die Gleise der Privatkohlenbahn (ORK). 63,8 Meter Steigung und 29,4 Meter Gefälle mit maximalen Steigungen/Gefälle von 1:40 waren von den Lokomotiven bis zum Streckenende zu überwinden. Der kleinste Streckenradius betrug lediglich 141,6 Meter. Über diese und andere technische Details sowie die Kosten berichtete die „Zeitung des Vereins der deutschen Eisenbahn-Verwaltungen" vom 15. Februar 1862:

„Die zur Überschreitung der Mulde und des Inundations Terrains (d. h. freigehaltene Fläche für Hochwasser, d. V.) erforderliche Brücke ist 141,5 m lang, wovon 64,5 m auf vier mit eiserner Construction überdeckten Öffnungen und 76,98 m auf 16 überwölbten Öffnungen kommen. Die Construction des Oberbaues ist der der sächsischen Staatsbahnen. [...] Die Streckensignalisierung wird nur durch electromagnetische Glockenapparate mit permanenter Strömung bewirkt. Dieses System bewährt sich für den, auf der Bahn bestehenden und nur allein möglichen Dienst, ausserordentlich, indem es durch dasselbe möglich gemacht wird, nicht nur das Strecken- und Fahrpersonal, sondern auch die Bureau-Beamten in Stand zu setzen, Kenntnis davon zu haben, wo die arbeitende Maschine sich befindet, oder von und nach welcher Richtung sie sich bewegt. Es ist dies von ganz besonderer Wichtigkeit, da bei den vielfachen Abzweigungen und den ungünstigen Steigungsverhältnissen, welche ohnedies große Vorsicht erfordern, die Sicherheit und Beschleunigung des Betriebs von der allseitigen Aufmerksamkeit der Beamten abhängt. [...]

Die Kosten der Bahn betragen 289.770 Thaler, 23 Neugroschen und 9 Pfennige, davon kommen

- 30.350 Thlr. 28 Ngr. 1 Pf. auf Grunderwerb
- 177.629 Thlr. 29 Ngr. 9 Pf. auf den Bau der Bahn
- 3.000 Thlr. auf Verwaltungsgebäude
- 39.148 Thlr. 27 Ngr. 5 Pf. auf Betriebsmittel (hauptsächlich Lokomotiven – d. V.)
- 2.301 Thlr. 25 Ngr. 2 Pf. auf Zinsen während der Bauzeit
- 30.000 Thlr. auf die neue Verlängerung (zu den Oberhohndorfer Schächten – d. V.)
- 7.339 Thlr. 3 Ngr. 2 Pf.
- Die eiserne Mulden- und Mühlgrabenbrücke, nebst dazwischen liegendem Viaduct kostete 32.759 Thlr. 18 Ngr. 8 Pf. Die Kosten der Privatgleise 24.221 Thlr. sind in der Gesamtsumme von 289.770 Thlr. 23 Ngr. 9 Pf. nicht mit enthalten."

Die Oberhohndorf-Reinsdorfer Kohlenbahn (ORK)

Der Augustusschacht in Oberhohndorf musste für eine Wagenladung (damals 90 Zentner) 1 Taler, 22 Neugroschen und 5 Pfennige bezahlen. Die zunächst 19 angeschlossenen Gruben ließen täglich etwa 150 Wagenladungen, gefüllt mit Steinkohle, abtransportieren. Die größte Streckenlänge ab dem Schedewitzer Sammelgleis erreichte die Kohlenbahn im Jahr 1878 (26 Schächte) mit 16,70 Kilometern.

Die Gesellschaftsverwaltung der ORK gliederte sich in vier Abteilungen:
1. Betriebs- und Direktorialverwaltung,
2. Bahnaufsicht und Bahnunterhaltung,
3. Transportverwaltung und
4. allgemeiner Aufwand für die Bahn- und Transportverwaltung, da nicht nur Kohlenwerke angeschlossen waren.

Verfolgen wir eine Fahrt vom Zwickauer Güterbahnhof aus. Über eine 450 Meter lange Strecke auf den Schwarzenberger Gleisen fuhr die Oberhohndorf-Reinsdorfer Kohleneisenbahn auf das dritte Streckengleis neben der Schwarzenberg–Zwickauer Linie (SZ), das zunächst ihr und später der Brückenbergbahn vorbehalten war. 1905 wurde dieser 1,16 Kilometer lange Abschnitt der ORK als Streckenlänge zugerechnet, was gelegentlich Verwirrung stiftete.

Streckenlängen der ORK (Gleisplan siehe Band 1, S. 42 und im Nachsatz [19])

Jahr	Streckenlänge	Zahl der Weichen	Bemerkungen
1862	13,76 km	64	8,28 km Haupt-, 2,79 km Neben-, 2,69 km Privatgleis
1865	16,51 km	78	
1878	16,70 km		größte Gleislänge
1879	15,80 km		
1880	15,35 km		
1885	12,21 km		
1888	14,25 km		13 Steinkohlenwerke und 3 Firmen
1890	11,32 km		
1900	8,54 km		
1905	6,79 km		
1918	6,29 km		

In der Bildmitte verlaufen die für die Demontage vorbereiteten Gleise für die Kohlenbahnen und die Schwarzenberger Linie (l.), während rechts die drei neuen, höher gelegten Gleise dieser Strecken liegen. Nach rechts zweigen die Gleise für die Bürgerschachtbahn und die von Arnimsche Kohleneisenbahn ab. Das Gebäude ist der ehemalige Bahnhof der früher dort verlaufenden Lengenfelder Strecke. (um 1929)

Die Oberhohndorf-Reinsdorfer Kohlenbahn (ORK)

Auf dem Bild liegen unten die Gleise der Schwarzenberger Linie und das Gleis der Kohlenbahnen. Hier zweigt das 400 Meter lange Anschlussgleis für die Dampfschneidemühle Günther bzw. Dampfschneidemühle und Holzhandel Grimm & Röhling an der Vereinsglückstraße 2 ab (s. a. Güterwagen auf dem Gleis in der Mitte). Oben verläuft die Planitzer Straße. (um 1912)

Die Oberhohndorf-Reinsdorfer Kohlenbahn (ORK)

◄ An dieser Stelle zweigt das Gleis für die Kohlenbahnen ab. Auf ihm fuhren die Züge der ORK und der Brückenberg-Kohleneisenbahn. (um 1997)

In der Saarstraße wurde die Brücke für die ORK und die Brückenbergbahn höher gelegt. Im Hintergrund war die Brücke für die Schwarzenberger Linie schon in Betrieb. (1929)

◄ Die Arbeiten zur Höherlegung der Gleise der Schwarzenberger Linie und des Anschlussgleises Oberhohndorf-Reinsdorfer Kohleneisenbahn im Bereich der Brücke Saarstraße laufen. Im Hintergrund erkennt man die Bürgerschächte mit der Brikettfabrik. (um 1928)

Tittels Ziegelei (zwischen der Emilienstraße und den Gleisen der Schwarzenberger Linie) und die Ziegelei Klötzer waren mit je einem Stumpfgleis die ersten Bahnkunden. In der Übersichtskarte von C. Sorge ist im Jahre 1861 der Hinweis „Tittels Weiche" eingetragen. Hermann Oehlschlägel erwarb einige Jahre später das Grundstück. Er verstarb etwa 1893 und Ferdinand Ehrler übernahm von dessen Witwe die Dampfziegelei. Nach dem Ersten Weltkrieg etablierte sich auf dem Gelände die Zwickauer Eisen- und Stahlgießerei Kurt Kunstmann.

Nach dem Abzweig der Brückenberg-Kohlenbahn am Kilometer 0,44 führte ab etwa 1882 ein Gleis zu Kästners Ziegelei an der Saarstraße 10. Ab 1916 richtete hier Otto König seine Eisen- und Metallgroßhandlung ein. In der DDR nannte sich das volkseigene Unternehmen, das über zwei Stumpfgleise verfügte, VHZ Schrott/VEB Metallaufbereitung Zwickau. Die Schrottannahme wurde etwa 2016 geschlossen und das Anschlussgleis beseitigt.

Die Dampfschneidemühle W.F. Günther an der Vereinsglückstraße 2 (heute Planitzer Straße), die einen etwa 400 Meter langen, noch vor dem Planitzer Bach abzweigenden Gleisanschluss besaß, war der nächste Bahnkunde. Die Reihe der Grundstückseigentümer ist beträchtlich: Ewald Günther und Gottlob Grimm (ab Mitte der 1870er-Jahre als Firma Günther & Grimm), danach Gottlob Grimm bzw. Walter Grimm und Otto Alfred Röhling (als Firma Grimm & Röhling), Heinrich Otto Häuberer (Baugeschäft, Kunststein- und Holzbearbeitungsgeschäft) und der VEB Bau-Union Zwickau (nach 1949). Am Ende der DDR hatte dort das VE Bau- und Montagekombinat (BMK) Süd, Betriebsteil Industriebau Zwickau, seinen Sitz.

Nach einer 1,50 Kilometer langen Fahrt (ab Stellwerk B 4) erreichte der Zug den Schedewitzer Sammelbahnhof (auch als Schedewitzer Sammelgleise bezeichnet), in dem die Kohlenzüge der Steinkohlenwerke zusammengestellt und anschließend von den K. Sä. Staatseisenbahnen/DRG über die 2,17 Kilometer lange Strecke zum Zwickauer Güterbahnhof befördert wurden. Der Sammelbahnhof diente auf dem Gelände westlich des Vertrauenschachtes als offizielle Wagenübergabestation (WÜST) der ORK und war mit Personal der K. Sä. Staatseisenbahnen/Deutschen Reichsbahn-Gesellschaft (DRG, ab 1920) besetzt. Im Gebäude Tonstraße 11 befand sich übrigens der Verwaltungssitz der ORK.

Bei der Konzessionserteilung forderten die Königlich Sächsischen Staatseisenbahnverwaltungen, dass von dem geplanten Schedewitzer Sammelgleis der ORK über eine Weiche eine Verbindung nach dem schon vorhandenen Sammelbahnhof beim Vertrauenschacht des ESTAV hergestellt wird. In einem Vertrag zwischen den Direktionen wurde die unentgeltliche Benutzung beider Sammelbahnhöfe und des Anschlussgleises der ORK durch den ESTAV festgelegt. Mit der Eröffnung der fiskalischen Kohleneisenbahn 1854 von Zwickau nach Cainsdorf hatte nämlich zuerst nur der Hoffnungschacht einen Gleisanschluss erhalten. Er führte mit einer auf Schedewitzer Flur südlich vom Hoffnungschacht gelegenen Spitzkurve zum Hoffnungschacht. Der Anschluss konnte nur aus Richtung Cainsdorf befahren werden. Später wurden die Gleise bis zum Vertrauenschacht verlängert. Dieser Anschluss aus Cainsdorf wurde jetzt abgebrochen, als 1860 die Trasse der ORK angelegt wurde. Die Züge des ESTAV wurden auf dem Sammelgleis der ORK zusammengestellt und mit Lokomotiven der Staatseisenbahnen zur fiskalischen Kohleneisenbahn und weiter bis zum Zwickauer Bahnhof gefahren. Der Rangierbetrieb am Sammelbahnhof erfolgte am Anfang noch mit Pferdegespannen.

Die Oberhohndorf-Reinsdorfer Kohlenbahn (ORK)

An der Vereinsglückstraße (heute Planitzer Straße) war Mitte der 1920er-Jahre eine große Baustelle. Im Vordergrund wurden die Gleise der Schwarzenberger Linie höhergelegt, während vor der Gaststätte „Zur Ente" eine Fußgängerbrücke die Gleise der ORK überspannte (s. u.).

Über die Vereinsglückstraße (Planitzer Straße) führt das Gleis der ORK. Da die Schranken oft geschlossen waren, baute man eine Fußgängerbrücke (s. a. Bild oben). (um 1900)

Die Oberhohndorf-Reinsdorfer Kohlenbahn (ORK)

Die Oberhohndorf-Reinsdorfer Kohlenbahn (ORK)

◄ Durch das Gelände des Vertrauenschachtes verläuft das Gleis der ORK (l.) und daneben das Anschlussgleis, auf dem mehrere Güterwagen stehen. (um 1910)

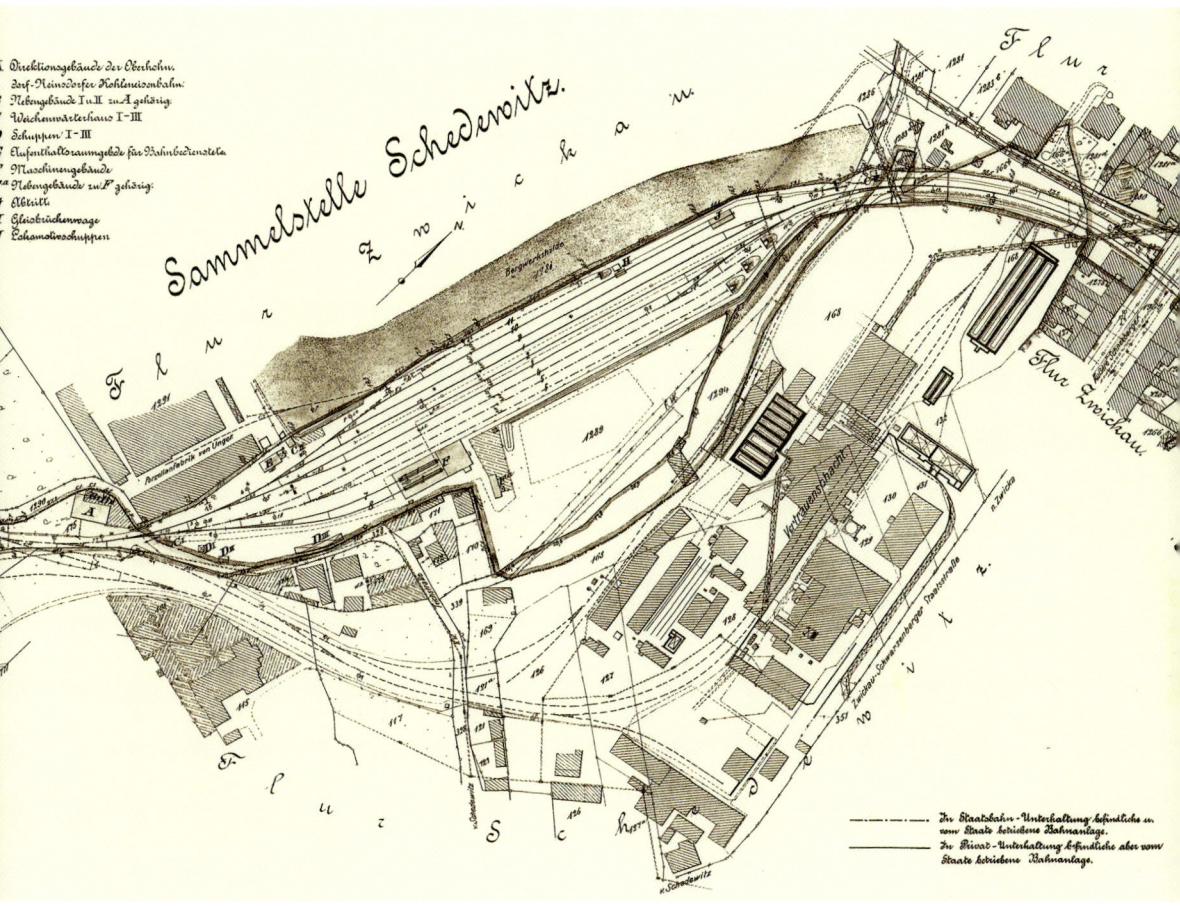

Gleisplan des Sammelbahnhofes Schedewitz. Der dicke Strich in der Mitte markiert die Grenze zwischen dem Vertrauenschacht und dem Sammelbahnhof Schedewitz der ORK. Das Gebäude mit dem „A" war ihr Direktionsgebäude. (1910)

◄ Die Rangierlokomotive 89 293 kommt von Zwickau Hbf und fährt zum Sammelbahnhof Schedewitz. Nach links zweigt das Gleis zum Hoffnungsschacht ab. (1963)

Die Oberhohndorf-Reinsdorfer Kohlenbahn (ORK)

◄ Der Betrachter steht westlich des Vertrauenschachtes und hat einen Großteil des Betriebsgeländes im Blick. Vor dem Holzzaun verlaufen die Sammelgleise des Schedewitzer Bahnhofs der ORK, während dahinter die Betriebs- und Anschlussgleise des Schachtes liegen. (um 1935)

Am 21. Juli 1918 ließen die 26 Mitarbeiterinnen und Mitarbeiter der ORK im Sammelbahnhof Schedewitz ein Erinnerungsfoto machen.

◄ Das Gleis der ORK führt auf dem Gelände neben dem Vertrauenschacht in Richtung Äußere Schneeberger Straße. Der Schlüssel für die verschließbare Weiche musste bei Einfahrt eines Zuges zwecks Unfallverhütung an das Schließbrett des Fahrdienstleiters gehängt werden. Die Gitterbrücke wurde von der Brückenbergbahn befahren, von der über die Brücke im Vordergrund ein Anschlussgleis abzweigt. (um 1940)

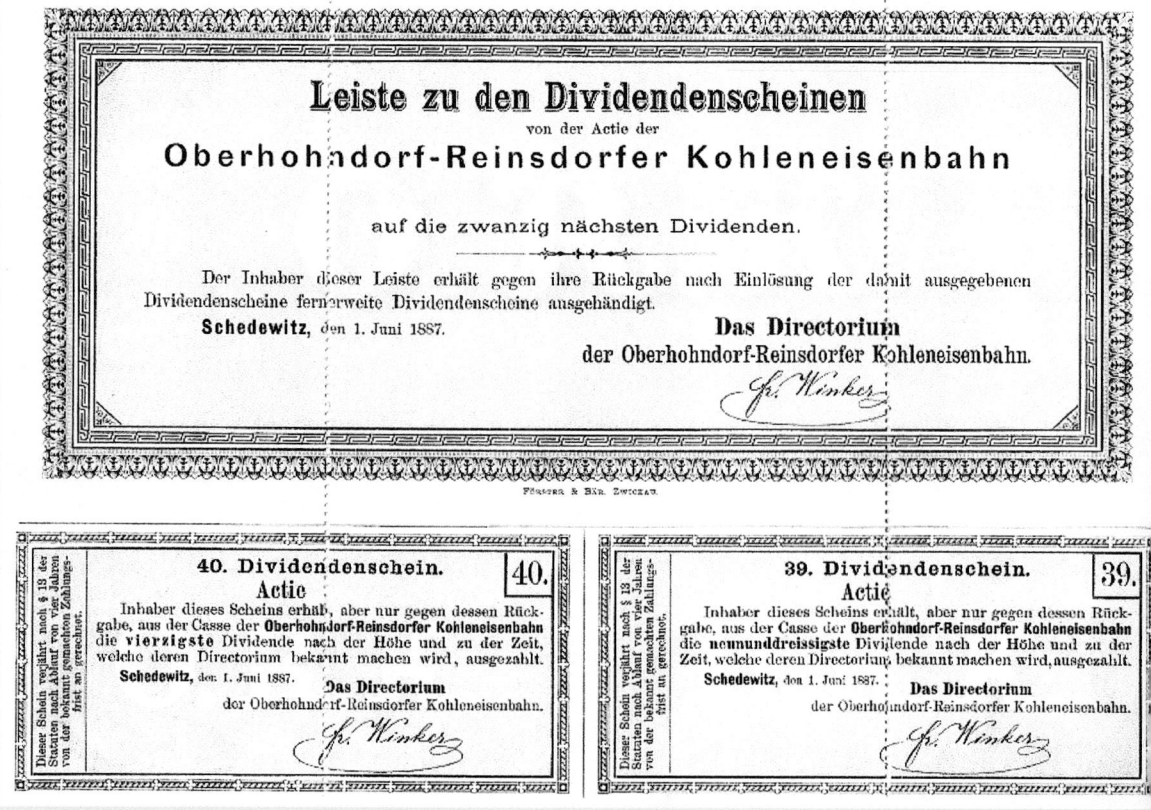

Leiste zu den Dividendenscheinen und Aktien der Oberhohndorf-Reinsdorfer Kohleneisenbahn. (1887)

Der Vertrauen- und der Hoffnungschacht traten auch als Bahnkunden auf. Vor 1872 zweigten die Stumpfgleise am Kilometer 1,63 direkt von den Staatseisenbahngleisen ab. Zunächst führte man beim Erzgebirgischen Steinkohlen-Aktienverein den Rangierbetrieb – damals so üblich – noch mit Pferden durch. Erst 1872 schaffte man eine Lokomotive an, die TIEFBAU (Fabrik-Nr. 618, Baujahr 1872). Die von den Hartmann-Werken in Chemnitz gebaute Lok der Gattung HT war von der Bauart Cn2t und diente bis 1924.

Von den Sammelgleisen aus kreuzte die Trasse dann niveaugleich die Äußere Schneeberger Straße und die Amalienstraße (Oskar-Arnold-Straße). Vor der letztgenannten Straße befanden sich Gleisanschlüsse für den Baubetrieb Betonbau Rüde (2 Stück) und die Firma Jung & Simons sowie das Ladegleis Amalienstraße (Oskar-Arnold-Straße). Danach überquerte die Kohlenbahn über eine 141,5 Meter lange Brücke westlich des Röhrensteges zunächst den Mühlgraben und dann die Zwickauer Mulde. Hinter der Heringschen Brauerei zweigte ein Gleis zum Forstschacht (Oberhohndorfer Forst-Steinkohlenbau-Verein) und zur Coakserei Baron von Milkaus ab. Hinter den Ausfahrten Hermann- und Augustus-Schacht (Oberhohndorfer Schader-Steinkohlenbau-Verein)[20] konnte man das Hauptgleis verlassen und seit dem 15. Oktober 1864 zum Morgenstern-Schacht II fahren.

Vor der geschlossenen Schranke der Oberhohndorf-Reinsdorfer Kohleneisenbahn warten PKW auf einen Kohlenzug. Dahinter die Brücke der Brückenbergbahn, darüber die der Huntebahn zwischen Tiefbau- und Vertrauenschacht. (um 1932)

Ein Güterzug der Reinsdorfer Industriebahn auf dem Weg zum Zwickauer Hauptbahnhof kreuzt die Äußere Schneeberger Straße. Die Brücke der Huntebahn ist inzwischen abgebaut worden. (um 1965)

Die Oberhohndorf-Reinsdorfer Kohlenbahn (ORK)

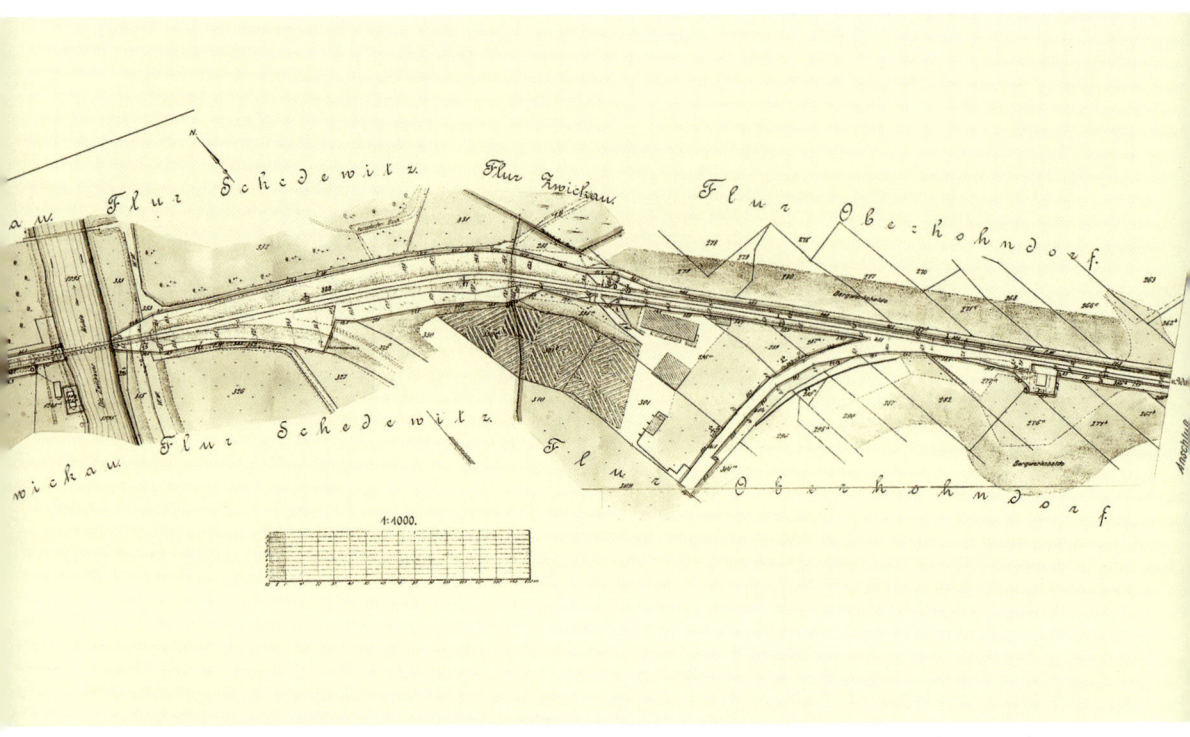

Dieser Gleisplan der ORK zeigt den Abschnitt der Trasse von der Zwickauer Mulde (l.) bis nach Oberhohndorf (r.). Die beiden Abzweige führten zum Forst- und zum Hermannschacht (r.), die 1904 abgeworfen wurden[21]. Die Gleise sind schon demontiert. (1910)

Die Gitterbrücke der ORK überspannt die Zwickauer Mulde. Im Hintergrund sieht man Schornsteine des Vertrauenschachtes. (um 1925) ▶

Diese Brücke führte über den schon längst verfüllten Mühlgraben. Links steht der Wasserturm der Firma Jung & Simons. (1946)

Die Oberhohndorf-Reinsdorfer Kohlenbahn (ORK)

Der Forstschacht wurde 1860 in Betrieb genommen und 1904 verworfen. Ein Güterzug steht zum Beladen mit Kohle bereit. Rechts verläuft die Wildenfelser Straße. (um 1900)

Auf den Reinsdorfer Sammelgleisen, zwischen den Wilhelmschächten I und II gelegen, wurden die Kohlenwaggons der Schächte des Oberhohndorfer Zweiges (ORK-Linie, Abteilung II) und der Stammstrecke zwischen dem Schedewitzer Sammelbahnhof und dem Florentin-Kästner-Schacht I (Abteilung I) zu Kohlenzügen zusammengestellt. Am Oberhohndorfer Gleisabzweig der Abteilung II (km 3,86) befanden sich u. a. der Beschert-Glück-Schacht, Stölzels Schacht, die Frischglückschächte, der Schacht Vereinigt Feld, der Freistein-Schacht, David Gotthilf Herschels Schacht, Ferdinand Ehrlers Schächte, Witwe Christiane Winters Schacht, Karl Friedrich Raus Schacht, die Lehefeldgruben, die Fünfnachbargrube, der Oberhohndorfer Commun-Schacht und die Ebertschen Doppelschächte. Auf engem Raum waren die Kohlenbahnfahrten durch zahlreiche Rangier- und Rückstoßfahrten gekennzeichnet. Zur Orientierung beim Lesen der folgenden Tabelle s. a. zur Karte auf dem Nachsatz.

Die Oberhohndorf-Reinsdorfer Kohlenbahn (ORK)

Reihenfolge der Anschlussgleise der Oberhohndorf-Reinsdorfer Kohleneisenbahn ab Stellwerk B 4[23].

km	Abzweig/Ladestation/Bahnübergang/Brücke	in Betrieb
0,00	Abzweig Zwickau (Sachs) Hbf, Stellwerk B 4	ab 1860
0,06	Anst[22] Tittels Ziegelei/Oelschlegel/Gießerei Kunstmann, Klötzers Ziegelei	vor 1862
0,33	Anst VEB Grubenlampenwerk Zwickau, Werk IV	?
0,45	Abzweig Brückenberg-Kohlenbahn, Stellwerk W 3	ab 1860
0,83	Anst Kästners Ziegelei	um 1882–1916
	Eisen- und Metallgroßhandlung Otto König AG	1916–um 2017
	VHZ Schrott/VEB Metallaufbereitung Zwickau (2 Gleise)	
0,84	Überführung Saarstraße	ab 1928/29
1,18	Übergang von den Staatsbahnen/DRG zur ORK, Abteilung I	1860–1940
1,18	Anst Dampfschneidemühle Günther (400 m lang)	1854–?
	Dampfschneidemühle und Holzhandel Günther & Grimm (4 Gleise)	
	Dampfschneidemühle u. Holzhandel Grimm & Röhling, Vereinsglückstr. 2	
1,25	Bahnübergang Planitzer Straße	ab 1860
1,40	Anst Hoffnungschacht (August-Bebel-Werk, 2 Gleise, 220 m)	1854–1965
1,46	Anst Vertrauenschacht (August-Bebel-Werk, 6 Gleise)	1854–1992
1,51	Beginn Sammelbahnhof Schedewitz (9 Gleise)	1860–1992
1,65	Anst Porzellanfabrik Unger/ -	vor 1910–1928
	Getreide-Futtermittel Großverteiler Paul Arras/	1928–1992
	Volkseigener Erfassungs- u. Aufkaufbetrieb (VEAB) (3 Gleise, 320 m)	
1,90	Überführung Werkbahn	ab 1884
2,05	Bahnübergang Äußere Schneeberger Straße	1860–1965
2,10	Anst Getreidehandel Hering, Weberei Jung & Simons (325 m)	1907–1965
	GHG Lebensmittel, VEB Sägewerk, BHG Zwickau, Fa. Lippoldt (2 Gleise)	
2,10	Anst Rüde Beton- u. Eisenbau (1. Gleis)	1911–1931
	Fa. Emil A. Süttinger (1. Gleis)	1931– ?
2,12	Ladegleis Amalienstraße (Oskar-Arnold-Straße) (1 Gleis, 95 m)	?–1965
2,20	Anst Rüde Beton- u. Eisenbau/ab 1931/32 Fa. Emil A. Süttinger (2. Gleis)	1910–?
2,25	Bahnübergang Amalienstraße (Oskar-Arnold-Straße, B 93)	1860–1965
2,32	Brücke über den Lerchenmühlgraben	1860–um 1930
2,40	Flutbrücke Zwickauer Mulde	1860–1965
2,50	Brücke Zwickauer Mulde (beide Brücken 141,5 m lang)	1860–1965
2,60	Anst Forstschacht und Baron v. Milkausche Coakserei (747 m, 4 Gleise)	1860–1905
3,00	Anst Hermannschacht (195 m, 3 Gleise)	1860–1906
	Fa. Winter, Scholdei & Co. (Flachs-Komm.-Gesellsch.)	1920–1932

Die Oberhohndorf-Reinsdorfer Kohlenbahn (ORK)

3,25	Anst Augustusschacht (275 m, 2 Gleise)	1860–1906
3,37	Anst Wilhelmschacht I (5 Gleise)/Straßenmeisterei Zwickau (520 m)	1862–1965
3,44	Abzweig Morgenstern-Schacht II (1.730 m, 2 Gleise)	1873–1910
	Abzweig Pappenfabrik (1.732 m, 2 Gleise)	1910–nach 1922
3,86	Abzweig der ORK, Abteilung II, nach Oberhohndorf (s. km 0,00)	1862–vor 1900
3,86	Anst Ladestelle Oberhohndorf/Kohlehandel Haugk (früher Abzweig ORK)	1918–1965
3,87	Anst Porzellanfabrik Kaestner GmbH (122 m)	1883–1965
3,90	Anst Reinsdorfer Sammelgleise (3 Abstellgleise, 1 Durchgangsgleis)	1860–1965
4,20	Anst Wilhelmschacht II (2 Gleise)/BHG Reinsdorf (580 m)	1870–1965
4,55	Bahnübergang Poststraße	
4,59	Anst Kohlenhandel Cl. Walther/Egon Böhm (122 m)	1920–1965
4,60	Abzweig Florentin-Kästner-Schacht II (1.000 m, 2 Gleise)	1875–1883
	ab 1930 Morgensternschacht VIII	
4,72	Anst Ladestelle Reinsdorf (1 Gleis, 100 m)	1876–1907
4,72	Anst Sägewerk E. Haupt, Reinsdorf (Rückstoß, 202 m)	1907–1965
4,73	Eisenbahnüberführung Wirtschaftsweg	
4,74	Anst Morgensternschacht I (356 m)	1869–1914
5,11	Eisenbahnüberführung Wirtschaftsweg	?
5,18	Anst Florentin-Kästner-Schacht I (560 m, 2 Gleise)/	1873–1957
	ab 1930 Morgensternschacht VII	
5,30	Streckenende an der Schachtstraße	
0,00	Abzweig der ORK, Abteilung II, am km 3,86 (neben Schiffners Gut)	
0,57	Zweigbahn Oberhohndorfer Commun-Schacht II (549 m, 2 Gleise)	1872–1907
0,60	Anst für Bescheert-Glück-Schacht (200 m, 2 Gleise)	1862–1908
0,75	Anst Stölzels Schacht und Frisch-Glück-Schächte I und II (450 m gesamt)	1862–1906
1,20	Abzweig zum Schacht Fr. Ebert (vorher Karl Kästner-Schacht)	1862–vor 1900
	und zum Freisteins Oscar-Schacht (300 m)	
1,23	Anst Schacht Vereinigtfeld I (210 m)	1862–vor 1900
1,25	Abzweig der ORK (s. u. km 0,00, am Vereinigtfeld I)	
1,47	Anst Kästner & Stephan-Schacht (75 m, 1 Gleis)	1862–vor 1881
1,55	Anst Ferdinand Ehrlers Schacht I (50 m, 1 Gleis)	1862–vor 1881
1,58	2 zusätzliche Ausweichgleise bei Winters Schacht I (125 m)	1862–vor 1900
1,65	Anst F. Ehrlerschacht II (vorher Witwe Winters Schacht, 100 m, 1 Gleis)	1862–vor 1900
1,90	Anst Schacht Dr. Rau (150 m, 2 Gleise)	1862–vor 1900
1,77	Abzweig für Rückstoßgleis Dr. Raus Schacht u. Schacht Einigkeit (400 m)	um 1876–1882
2,12	Streckenende für diesen Zweig beim Einigkeitsschacht/Winters Schacht I	um 1876–1882
1,77	Abzweig für Fritz Eberts Doppelschächte (330 m, 2 Gleise)	1876–vor 1900
2,08	Streckenende für diesen Zweig bei Eberts Doppelschacht	1876–vor 1900

0,00	Abzweig der ORK am km 1,26 (am Vereinigtfeld I)	
0,19	Anst Klötzer sen.-Schacht (75 m, 1 Gleis)	1862–vor 1887
0,38	Anst Herschels Schacht (25 m, 1 Gleis)	1862–vor 1887
0,52	Anst F. Ehrlers Schacht I (150 m, 1 Gleis)	1862–vor 1884
0,74	Anst Schacht Rau & Co. (später Gottl. Winter-Schacht II, 120 m, 2 Gleise)	1862–vor 1881
	Winters Schacht (50 m, 2 Gleise)	1862–vor 1884
0,88	Abzweig für Fünfnachbargrube und Lehefeldgruben	1862–vor 1884
0,00	Abzweig zur Fünfnachbargrube und Lehefeldgruben	1862–vor 1884
0,28	Abzweig für Kästners Erben-Schacht I und Lehefeldgrube I (1 Gleis)	1862–vor 1881
0,00	Abzweig für Kästners Erben-Schacht I, Lehefeldgrube I (550 m,1 Gleis)	1862–vor 1881
0,28	Anst Kästners Erben-Schacht I (80 m, 1 Gleis)	1862–vor 1881
0,30	Anst für Lehefeldgrube I (160 m)	1862–vor 1881
0,48	Streckenende für diesen Zweig bei Lehefeldgrube I	1862–vor 1880
1,70	Abzweig für Fünfnachbargrube und Lehefeldgrube III (350 m)	1862–vor 1881
0,00	Abzweig für Fünfnachbargrube und Lehefeldgrube III (350 m)	1862–vor 1881
0,39	Anst Lehefeldgrube III (150 m, 1 Gleis)	1862–vor 1881
0,75	Anst Martins u. Witwe Winters Schacht, Vereinigt Feld II (160 m, 1 Gleis) nach 1869–vor 1881	
0,88	Ladestelle Fünfnachbargrube (100 m, 2 Gleise)	1862–vor 1881
0,98	Streckenende für diesen Zweig neben der Fünfnachbargrube	1862–vor 1881
0,94	Abzweig zum D. Herrschel-Schacht (am Schacht Rau & Co.)	1862–vor 1881
0,00	Abzweig zum D. Herrschel-Schacht (150 m)	1862–vor 1881

Hinweise:
Manche Grubeneigentümer besaßen mehrere Steinkohlengruben (z. B. Ebert, Ehrler, Herrschel, Rau und Winter).
Bei der Station 0,00 beginnt für diesen neuen Zweig auch eine neue Zählweise.
Die Zahl der Gleise bedeutet deren Anzahl an der Ladestelle/dem Schacht. Die Zuführungsgleise sind immer eingleisig. Anst bedeutet Anschlussstelle.

Die Besitzer des Florentin-Kästner-Schachtes I nannten etwa 2.000 Meter Gleise, drei Weichen, zwei Gleisendprellböcke, eine Gleiswaage und eine Seilverschiebeanlage ihr Eigen. Interessant ist in diesem Zusammenhang, dass das „private Zweiggleis" zum Florentin-Kästner-Schacht II, das ab 1874 vorhanden war, in der „Uebersichtskarte der Kohlenbahnen bei Zwickau 1887" zwar eingezeichnet ist, aber den Hinweis „Nicht mehr in Betrieb" an seiner Seite stehen hat. Die Ursache für diesen Eintrag war folgende: Ab 1882 wurde die Rohkohle über eine Bockbrücke zur Aufbereitung des Schachtes I gefördert. Damit war das Anschlussgleis überflüssig und es wurde demontiert. Den Bahndamm konnte man noch jahrzehntelang in der Landschaft erkennen.

Offizielle Entfernungen zwischen Bahnhöfen und Ladeplätzen (Stand 1887)

Güterbahnhof Zwickau–Sammelbahnhof Schedewitz	2,17 km	ab 1860
Sammelbahnhof Schedewitz–Forstschacht/von Milkausche Coakserei	1,56 km	ab 1860
Sammelbahnhof Schedewitz–Hermannschacht	1,28 km	ab 1860
Sammelbahnhof Schedewitz–Augustusschacht	1,60 km	ab 1860
Sammelbahnhof Schedewitz–Wilhelmschacht I	1,73 km	ab 1862
Sammelbahnhof Schedewitz–Morgensternschacht II	3,43 km	ab 1874
Sammelbahnhof Schedewitz–Reinsdorfer Sammelgleise	2,33 km	ab 1860
Sammelbahnhof Schedewitz–Wilhelmschacht II	2,48 km	ab 1870
Sammelbahnhof Schedewitz–Morgensternschacht I	3,02 km	ab 1873
Sammelbahnhof Schedewitz–Florentin-Kästner-Schacht I	3,57 km	ab 1873
Reinsdorfer Sammelgleise–Oberhohndorfer Commun-Schacht	1,31 km	ab 1872
Reinsdorfer Sammelgleise–Frischglück-Schächte I und II	0,94 km	ab 1862
Reinsdorfer Sammelgleise–Ebert-Schächte I, II, Freystein-Schacht	1,40 km	ab 1862
Reinsdorfer Sammelgleise–Vereinigt Feld	1,49 km	ab 1862
Reinsdorfer Sammelgleise–Eberts Doppelschächte	2,28 km	ab 1875

Das „Illustrirte Wiener Extrablatt" 1872[1] berichtete aufgeregt: „Ha, welche Lust, Aktionär zu sein! Die lukrativsten deutschen Bahnen sind zwei kleine Kohlen-Eisenbahnen, nämlich die Bockwaer und die Oberhohndorf-Reinsdorfer, beide im Zwickauer Kohlenbecken gelegen. Die Bockwaer Bahn zahlte im Jahr 1871 61 Percent Dividende und für jede Wagenladung 15 Groschen zurück. Ihre Aktien zu 100 Thlrn. stehen 740 Thlr., während die Oberhohndorf-Reinsdorfer (300 Thl.) 1.540 Thlr. kosten. Letztere zahlte im Jahr 1871 eine Dividende von 40 Percent." Kein Wunder, dass sich die Bahnkunden ärgerten und überlegten, wie sie aus dem hohen Gewinn Nutzen ziehen konnten.

Die ORK spielte als einziger Bahnbetrieb für Oberhohndorfer und Reinsdorfer Schächte ihre Monopolstellung maximal aus. Sie nahm jeden geeigneten Anlass wahr, die Frachtgebühren zu erhöhen, sodass diese weit über den Frachtsätzen der Staatseisenbahn lagen. Weder Druck noch Projekte konnten die Direktion bzw. den Aufsichtsrat der OR-Bahn veranlassen, von ihrer Finanzpolitik abzugehen. Bereits 1882 betrug die insgesamt ausgezahlte Dividende das 12,4-fache des eingezahlten Aktienkapitals. 1882 gab es Beschwerden der angeschlossenen Kohlenwerke wegen überhöhter Frachtgebühren. Sie betrugen im Durchschnitt 40 Pfg./tkm, die Reichsbahnfracht hingegen 2,7–3,0 Pfg./tkm. Über die Staatseisenbahn unternahmen die Werke vergeblich Schritte, um die Herabsetzung der Frachtgebühr zu erreichen. Verschiedene Werken planten Projekte, um durch andere Gleisanschlüsse die ORK auszuschalten.

Im Jahr 1880 wollte sich der Zwickau-Oberhohndorfer Steinkohlenbau-Verein, der die Wilhelmschächte besaß, wegen der hohen Transportkosten von der Oberhohndorf-Reinsdorfer Kohleneisenbahn trennen. Man erwog den Bau eines Abzweigs zur Brückenberg-Kohleneisenbahn oder einen Anschluss zur Bockwaer Kohleneisenbahn. Zum Beispiel verzeichnete die ORK im Jahre 1879 Einnahmen in Höhe von 472.741 Mark, denen nur Kosten in Höhe von 190.627 Mark entgegenstanden. Die hohen Transportpreise waren lediglich durch die Monopolstellung möglich, die diese Kohlenbahn innehatte. Die forsche Preispolitik brachte den Aktionären gewaltige Gewinne. Es wurden durchschnittlich jährliche Dividenden in Höhe von 30 Prozent gezahlt. Von dem Gewinn in Höhe von 282.114 Mark wurde fast alles an die Aktionäre ausgezahlt (158 M pro Aktie!), was den Bahnkunden natürlich ein Dorn im Auge war.[24] Deren ernsthafte Überlegungen führten am 15. Dezember 1882 zu einem neuen Vertrag zwischen den Partnern. Die ORK senkte die Preise und im Gegenzug dafür wurden die Pläne des Vereins „begraben".

Um die Jahrhundertwende gab es einen Versuch interessierter Gruppen, die ORK auch für den Personentransport zu öffnen und die Gleise bis nach Wildenfels weiterzuführen. Hintergrund dieser Aktion war der fehlende Eisenbahnanschluss der sich seit 1886 darum bemühenden Stadt Wildenfels. Eine Petition nach der anderen erreichte die sächsische Staatsregierung und den Landtag. Zuerst unterbreitete man den Vorschlag, ab dem Bahnhof Schedewitz die Oberhohndorf-Reinsdorfer Kohleneisenbahn für die Personenbeförderung zu nutzen und die Gleise über Friedrichsgrün und Wildenfels nach Höhlteich (später Neuoelsnitz) fortzuführen. Im Mai 1907 forderten die Gemeindevorstände von Schedewitz (5.650 Einwohner), Oberhohndorf (1.900 Einwohner), Reinsdorf (7.166 Einwohner), Vielau (4.811 Einwohner), Friedrichsgrün (3.016 Einwohner) und Härtensdorf (1.089 Einwohner) sowie der Stadtrat von Wildenfels (2.544 Einwohner) den Bau dieser Linie. Am 23. Juli 1907 meldeten die Zeitungen schon die geplante Realisierung des Projektes: „Vertreter von acht Ortsbehörden haben ihre Unterstützung versichert, und das Direktorium der Oberhohndorf-Reinsdorfer Kohlenbahn hat sich bereit erklärt, die Strecke weiterzubauen und Personen- und Stückgutverkehr einzurichten, falls – und das ist zweifellos – die Staatsregierung es genehmigt." Letzteres geschah jedoch nicht. Danach favorisierten die Wildenfelser wieder den alten Plan vom Bau einer Stichbahn von Wiesenburg (Linie Zwickau–Schwarzenberg) über Wildenfels nach Höhlteich (Neuoelsnitz), um dort eine Verbindung in Richtung St. Egidien und Stollberg zu bekommen. Die sächsische Regierung lehnte diesen Plan wegen zu geringer Rentabilität (zu wenige Einwohner an der Trasse) jedoch ab. 1917 verabschiedete sich Wildenfels angesichts der leeren Staatskassen von diesem Vorhaben und engagierte sich mit anderen Gemeinden für den Bau einer Schmalspurbahn Wilkau–Vielau–Friedrichsgrün–Wildenfels. Das inzwischen geschaffene Netz der Omnibuslinien beendete die Diskussionen im Jahr 1926. Wildenfels blieb so die einzige sächsische Stadt, die keinen Eisenbahnanschluss erhielt.

Die ORK war im Jahre 1868 mit 28,2 Prozent am Gesamtverkehr des Zwickauer Reviers beteiligt. Sie bediente ab 1900 auch einen hohen Anteil Fremdbetriebe. Im Jahr 1905 bewegte die Bahn mit 733.666 Tonnen Material, davon 691.972 Tonnen Kohle, die größte Transportmenge ihres Bestehens. Waren es 1910 nur sechs Firmen, so stieg die Anzahl bis 1940 auf 16 Fremdbetriebe.

Die Zahl der Wagenladungen betrug z. B. 1874 insgesamt 108.007, im Jahre 1876 schon 112.563 und 1884 immerhin 127.567. Auf der Schwarzenberg–Zwickauer Linie verstärkte sich inzwischen der Eisenbahnverkehr beträchtlich. Zahlreiche Kohlenbahnen besaßen Anschlüsse

Die Oberhohndorf-Reinsdorfer Kohlenbahn (ORK)

Transportleistungen der ORK (Auswahl) und Dividenden (%)

Jahr	An- und Abtransport	durchschnittlich tägl. Transp. (5 t)	Dividende in %
1864	270.645 t	180	17
1865	297.540 t	198	22
1869	412.195 t	275	36
1870	390.570 t	260	32
1871	444.025 t	296	40
1872	465.015 t	310	41
1874	540.035 t	360	42
1877	557.115 t	371	30
1878	579.742 t	387	33
1879	588.085 t	392	35
1880	618.100 t	412	38
1885	673.784 t	449	38
1904	712.644 t	475	?
1905	733.666 t	489	
1908	621.964 t	?	
1910	482.600 t	322	
1912	465.974 t		
1917	432.471 t		
1920	95.592 t	64	
1928	329.254 t	?	
1930/31	230.543 t	220	0
1936/37	115.817 t	145	0
1962		10	keine

oder kreuzten die Gleise der Fernbahn, was zu manchem Unfall führte. Das betraf in einem Fall auch die ORK. So berichtete das „Zwickauer Tageblatt" am 8. Oktober 1872 über folgende Begebenheit:

„Am Sonnabendnachmittag (5.10. – d. V.) ist der um 2 Uhr von hier abgegangene Schwarzenberger Güterzug in der Nähe der Güntherschen Dampfschneidemühle auf einen nach dem Bahnhofe fahrenden Oberhohndorfer–Reinsdorf Kohlenzug aufgefahren. Menschenleben sind glücklicherweise nicht zu beklagen. [...] Der Schaden an Betriebsmaterial ist ein sehr bedeutender. Der Unfall soll durch unrichtige Weichenstellung herbeigeführt worden sein."Am Ende des 19. Jahrhunderts beendeten vor allem in Oberhohndorf immer mehr Schächte wegen erschöpfter Vorräte den Steinkohlenabbau. Obwohl einige Industriebetriebe ihre Produktion aufnahmen (wie z.B. die Porzellanmanufaktur Friedrich Kaestner am 8.12.1883) und ebenfalls Gleisanschlüsse beantragten, ging die Gleislänge bis 1908 auf etwa acht Kilometer zurück. Friedrich Kästner war übrigens ein Sohn des Steinkohlenwerkbesitzers Florentin Kästner.

In den Jahren vor und nach dem Ersten Weltkrieg erfolgte, bedingt durch die Übernahme mehrerer Steinkohlenwerke durch den Erzgebirgischen Steinkohlen-Aktienverein (ESTAV), eine Erweiterung der Werkbahn. Die übernommenen Anschlussbahnen namens Bockwaer Kohleneisenbahn, Anschlussbahn Bürgergewerkschaft und von Arnimsche Kohleneisenbahn (mit Anschlüssen des Zwickauer Steinkohlenbauvereins zum Vereinsglück, Aurora- und Glückaufschacht) wurden zu Betriebsabteilungen der Werkbahn des ESTAV umfunktioniert. Zu diesem Zeitpunkt erfolgte die Ausförderung der gewonnen Restvorräte aus den übernommenen Grubenfeldern überwiegend über den Vertrauenschacht oder die Schächte des bereits 1913 angegliederten Steinkohlenwerkes Altgemeinde.

Zwischen 1927 und 1929 wurden im Rahmen des Bahnhofumbaus in Zwickau auch die Gleise höher gelegt, darunter auch das parallel zur Schwarzenberger Linie verlaufende Gleis der Oberhohndorf-Reinsdorfer Kohleneisenbahn. Die schienengleichen, beschrankten Wegeübergänge sollten beseitigt werden, da sie den Straßenverkehr stark behinderten. Die Höherlegung betraf in diesem Fall die Brücken über die Reichenbacher Straße und die Saarstraße. Lediglich die Bahnübergänge Planitzer Straße und Äußere Schneeberger Straße blieben bestehen. Der Abtransport von Kohle, Koks und Nebenprodukten des ESTAV fand nur noch über den Vertrauenschacht statt, der seine Waggons im Bahnhof Schedewitz sammelte. Die Transportmenge steigerte sich von jährlich 535.012 Tonnen (1927/28) auf 801.373 Tonnen (1936/37). Der Schedewitzer Sammelbahnhof verfügte in den 1930er-Jahren über mehr als 2.000 Meter Gleis, zwölf Weichen, fünf Gleisendprellböcke, acht Gleiswaagen und eine Seilverschiebeanlage. Die große Zahl der bereitgestellten Waggons erschwerte die Rangierarbeiten. Im Geschäftsjahr 1933/34 gingen deshalb die Gleise Nr. 4, 5 und 6 des Schedewitzer Bahnhofes für 4.000 Mark aus dem Bestand der Deutschen Reichsbahn-Gesellschaft in den der Oberhohndorf-Reinsdorfer Kohleneisenbahn über. Erst am 1. Juli 1967 übergab die Deutsche Reichsbahn-Gesellschaft den Sammelbahnhof Schedewitz (seit 1940 dessen Eigentümer) offiziell dem VEB Steinkohlenwerk „August Bebel". Der Rangierbetrieb war vorher mit der Inbetriebnahme des neuen Befehlsstellwerkes am 5. November 1962 wesentlich verbessert worden. Interessant ist in diesem Zusammenhang, dass die K. Sächs. Staatseisenbahnen vor dem Ersten Weltkrieg mehrere Gesuche der ORK-Gesellschaft zwecks Betriebsübernahme ablehnten. Dafür engagierte sich ein anderer Interessent. Der ESTAV hatte unter der Hand Aktien der Oberhohndorf-Reinsdorfer Kohleneisenbahn erworben. In einer Akte über eine Sitzung des Finanzausschusses der Stadt vom 22. Juni 1926[25] wurde die verstärkte Einflussnahme sowohl der Stadt als auch des ESTAV niedergeschrieben. Der Zwickauer Oberbürgermeister Richard Holz und der ESTAV-Generaldirektor Dr. Oskar Jobst ließen sich nämlich in den Aufsichtsrat der ORK wählen. Es müssen schon handfeste, aber heute unbekannte Gründe gewesen sein, weshalb sich zwei derartig bedeutende Personen in den Aufsichtsrat einer Kohlenbahn wählen ließen. Die bisher schwankenden Transportmengen waren ab 1936 stark rückläufig. Im Jahr 1937/38 wurden von der ORK nur noch 98.780 Tonnen Güter transportiert, da 1936 die Wilhelmschächte I und II stillgelegt werden mussten.

Die Oberhohndorf-Reinsdorfer Kohlenbahn (ORK)

Am Forstschacht ist dieser Kohlenzug zur Abfahrt bereit. Auf der Holzbrücke stehen Besucherinnen. (um 1900)

Die Gleise der ORK kommen aus Richtung Zwickau (r.). Die Anschlussgleise führen zum Hermannschacht. (um 1900)

Die Oberhohndorf-Reinsdorfer Kohlenbahn (ORK)

Die vom ehemaligen Wilhelmschacht II kommende Lokomotive fährt gerade auf das Reinsdorfer Gasthaus „Zur Lokomotive" zu (Standort des Fotografen). Rechts das zum ehemaligen Martin-Hoop-Schacht VII (vorm. Morgensternschacht VII) weiterführende Hauptgleis. (um 1960)

Vor dem Gasthaus „Zur Lokomotive" zweigt das ORK-Gleis zum Wilhelmschacht II ab. Die Häuser gehören zur Gemeinde Reinsdorf. (um 1935)

Die Oberhohndorf-Reinsdorfer Kohlenbahn (ORK)

Die Oberhohndorf-Reinsdorfer Kohlenbahn (ORK)

◄ Dieses Luftbild zeigt noch die Streckenführung der Oberhohndorf-Reinsdorfer Kohleneisenbahn – allerdings ohne Schienen – in Richtung Morgensternschacht II, dessen Förderturmgebäude in der Bildmitte (oben) zu erkennen ist. Die Straße ist die Reinsdorfer Straße. (1965)

Zwischen dem Wilhelmschacht I und der Porzellanfabrik Kästner (l.) verlaufen die Reinsdorfer Sammelgleise. Die Huntebahn führt zum Wilhelmschacht II, das Gleis zum Florentin-Kästner-Schacht I. (um 1930)

◄ Vor den Gebäuden des ehemaligen Wilhelmschachtes I (l. Verwaltung, r. Schachtkauen) fährt die Tenderlok 89 293 in Richtung Ladegleis Oberhohndorf/Kohlehandel Haugk. (um 1950)

Die Oberhohndorf-Reinsdorfer Kohlenbahn (ORK)

Auf dem Anschlussgleis des Wilhelmschachtes I wurden die Eisenbahnwaggons vom Kohlebunker aus mit Steinkohle gefüllt. (um 1910)

Der Kurzzug passiert gerade eine Ruine der Tagesanlagen des Wilhelmschachtes I in Richtung Zwickau. (1960)

Die Oberhohndorf-Reinsdorfer Kohlenbahn (ORK)

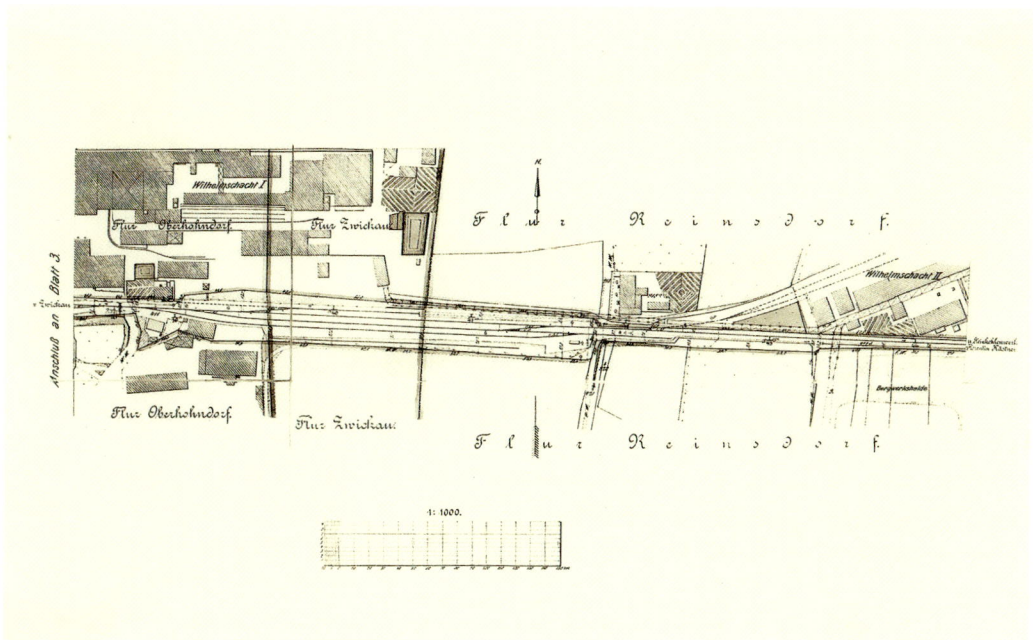

Der Gleisplan zeigt den Streckenabschnitt vom Sammelgleis beim Wilhelmschacht I (l.) bis zum Wilhelmschacht II. Der Abzweig führt zum Wilhelmschacht II. (1910)

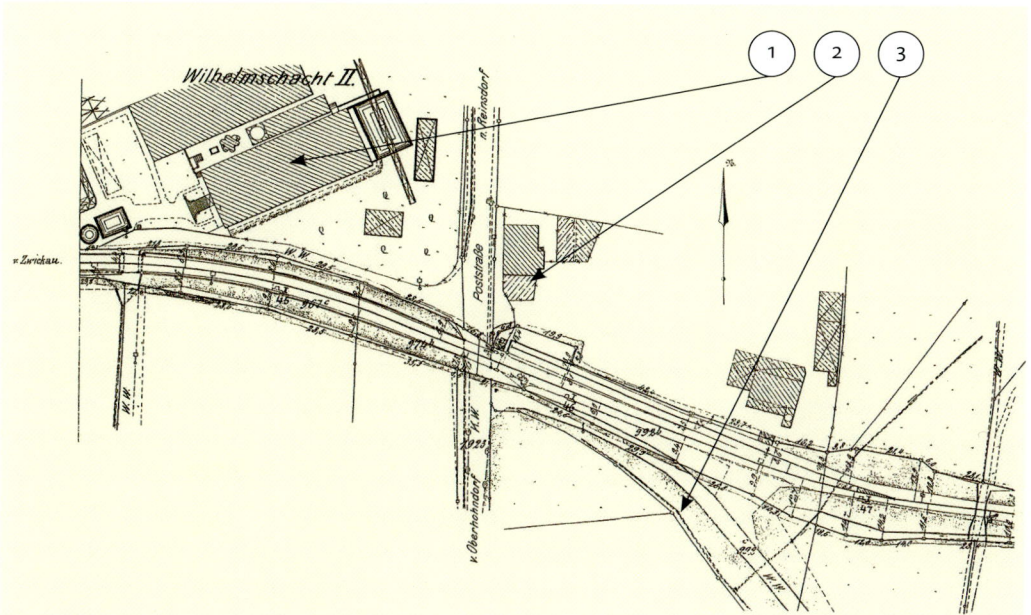

Dieser Plan der ORK ist die Fortsetzung des Plans (oben) und zeigt den Wilhelmschacht II mit der E-Zentrale (1, mit Freitreppe), die Poststraße, das Betriebsgelände der Firma Haupt & Sohn (2) und den 1874 geschaffenen Abzweig zum Florentin-Kästner-Schacht II (3). Der Gleisanschluss zum Kohlehandel Walther existierte damals noch nicht. (1895)

Die Oberhohndorf-Reinsdorfer Kohlenbahn (ORK)

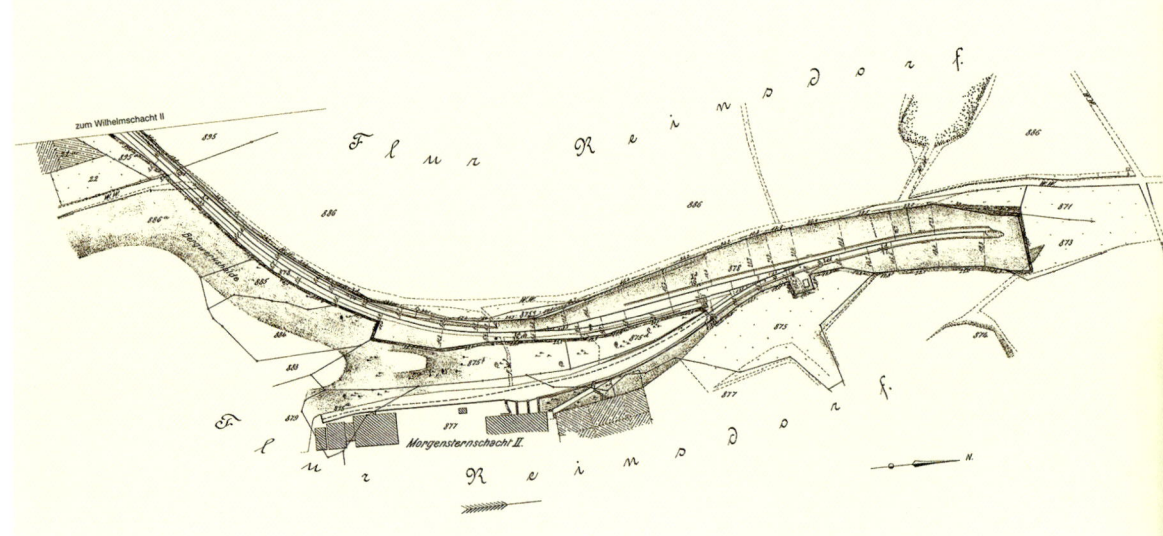

Dieses Bild zeigt die Fortsetzung der Gleistrasse der ORK bis zum Morgensternschacht II. Zum Ent- und Beladen musste ein Rückstoßgleis genutzt werden. (1910)

Das Betriebsgelände des Sägewerkes Haupt & Sohn in Reinsdorf, am Bahnübergang Poststraße fotografiert (vergl. mit dem Gleisplan S. 107). Hinter dem Zaun verläuft das Anschlussgleis (Rückstoßgleis) für diese Firma. Im Vordergrund liegt eine abschließbare Weiche für den Kohlenhandel Clemenz Walther, später Böhm.

Die Oberhohndorf-Reinsdorfer Kohlenbahn (ORK)

▲ Das Gleis der ORK führt zum Florentin-Kästner-Schacht I (ab 1930 Morgensternschacht VII). Rechts vom Kühlturm des Wilhelmschachtes II erkennt man den Morgensternschacht II. Die Wohnhäuser gehören zu Reinsdorf. (um 1930)

Das Foto zeigt einen Teil des Betriebsgeländes Wilhelmschacht II mit der E-Zentrale (mit Freitreppe) des Werkes. Der Weg, der hier die Gleise der Oberhohndorf-Reinsdorfer Kohleneisenbahn kreuzt, führte zur Poststraße. (um 1934)

Die Oberhohndorf-Reinsdorfer Kohlenbahn (ORK)

Das Bild schließt fast nahtlos an das Bild mit der E-Zentrale an. An einem Kühlturm der Morgensternhalde und am Sägewerk Haupt vorbei führten die Gleise zum Florentin-Kästner-Schacht I und zum Kohlehandel Walther. Vor der Morgensternhalde und der Maschinenhalle des Sägewerkes erkennt man das Bahnwärterhaus an der Poststraße. (um 1934)

Am Florentin-Kästner-Schacht I (Morgensternschacht VII) endete die Oberhohndorf-Reinsdorfer Kohleneisenbahn. Vom Sammelbahnhof Schedewitz bis hierher waren es 3,57 Kilometer. (um 1930)

Die Oberhohndorf-Reinsdorfer Kohlenbahn (ORK)

Transportmengen vom 1. April bis 31. März des Folgejahres (Geschäftsjahr der ORK)

Jahr	Transport ORK	Innere Transp.	Teilstrecken
1922/23	338.048 t	3.347 t	?
1923/24	279.007 t	5.344 t	?
1924/25	291.256 t	3.457 t	?
1925/26	279.346 t	3.515 t	?
1926/27	355.558 t	3.499 t	?
1927/28	357.436 t	5.831 t	535.012 t (1)
1928/29	329.255 t	5.217 t	594.382 t
1929/30	288.802 t	3.275 t	546.470 t
1930/31	230.543 t	6.760 t	605.492 t
1931/32	209.528 t	1.877 t	594.651 t
1932/33	209.296 t	1.374 t	625.385 t
1933/34	216.940 t	2.484 t	659.677 t
1934/35	217.567 t	4.291 t	746.314 t
1935/36	227.750 t	1.555 t	681.191 t
1936/37	115.817 t	1.696 t	801.373 t
1937/38	96.792 t	1.988 t	629.036 t
1938/39	104.140 t	3.261 t	502.268 t

Hinweise:

„Innere Transp." = Transporte mit Start- und Zielort an der Trasse der ORK

„Teilstrecken" = Der ESTAV, das Bauunternehmen Häuberer (Dampfsägewerk, Kunststeinwerk, früher Sägewerk Günther u. a.) und die Zwickauer Porzellanfabrik (später Getreidehandel Arras) benutzten kleine Teilstrecken der ORK mit Lokomotiven der Deutschen Reichsbahn-Gesellschaft.

(1) Mit Zwickauer Porzellanfabrik, später ohne diese Firma.

Der ab 1936 negativen Entwicklung Rechnung tragend, fasste am 30. November 1938 der Vorstand der Oberhohndorf-Reinsdorfer Kohleneisenbahn wegen des „verlustbringenden Bahnbetriebes" infolge weitgehender Einstellung der Kohleförderung den Beschluss zur Auflösung der Aktiengesellschaft. Alle Verträge wurden zur Überraschung der anderen Bahnnutzer per 31. Dezember 1939 gekündigt. Der Versuch zur Bildung einer Gleisgemeinschaft durch die noch interessierten Nutzer scheiterte. Die ORK ging deshalb am 1. Januar 1940 unter dem Namen Reinsdorfer Industriebahn (RI) in den Besitz der Deutschen Reichsbahn-Gesellschaft und damit in Staatsbesitz über. Bis zur endgültigen Stilllegung der Industriebahn war jetzt die Deutsche Reichsbahn für alle Transporte zuständig.

Die Oberhohndorf-Reinsdorfer Kohlenbahn (ORK)

Der Gleisanschluss des Kohlen- und Holzhändlers Fritz Haugk (früher Kohlenhandel und Sägewerk Kießling). Im Hintergrund verläuft die Wildenfelser Straße. (1965)

Gleisanschlüsse der ORK im Jahr 1936/37 und die Transportmengen

Firma/Anschrift/Gleisanschluss (seit)	Transporte 1936/37
Getreide-Futtermittel-Großverteiler Paul Arras	4.234 t
Ladegleis Oskar-Arnold-Straße	6.401 t
Mechanische Weberei Jung & Simons, O.-Arnold-Str. 14 (1907)	378 t
Baugeschäft Emil A. Süttinger, Äuß. Schneeberger Str. 59 (1930) vorher Rüde Beton- und Eisenbau (1910)	635 t
Tief-, Straßen- u. Eisenbahnbau Arthur Modes (Sitz: Moritzstr. 8)	421 t
Porzellanfabrik Kästner, Oberhohndorf (1884)	5.223 t
Ladegleis Oberhohndorf (1920)	533 t
Wilhelmschächte I und II, Reinsdorf (1862 bzw. 1870)	43.705 t
Ladegleis Reinsdorf (seit 1910)	1.038 t
Dampfsägewerk E. Haupt & Söhne, Reinsdorf (1907)	1.330 t
Morgensternschächte I und II, Reinsdorf (1869 bzw. 1864)	2.588 t
Morgensternschacht VII (Abteilung F. Kästner, 1873)	49.332 t

Die Oberhohndorf-Reinsdorfer Kohlenbahn (ORK)

Über das Förderband gelangten die Braunkohlenbriketts zum Beispiel auf die Ladefläche eines Ford-LKW der Firma Egon Böhm, der sie an die Kunden auslieferte. (1965)

Der Bauer Windisch aus Reinsdorf steht mit seinem Pferdegespann und den geladenen Briketts auf dem Gelände des Ladegleises Haugk und wird gewogen. (1965)

Die Oberhohndorf-Reinsdorfer Kohlenbahn (ORK)

Wegen des gestiegenen Transportaufkommens in den Jahren nach der Inflation musste im Juni 1928 in Reinsdorf ein zusätzliches Ladegleis in Betrieb genommen werden, das als „Ladegleis rechts" bezeichnet wurde. Zeitweilig verfügten auch die Zwickauer Porzellanfabrik (heutige Planitzer Straße 3, Anschluss von 1928–1936, im letzten Jahr 6.433 t), das Kohlenversandgeschäft Julius, später Arthur Winter (Sitz: Bahnhofstraße 8, seit 1920), die Firma Scholdei & Co. in Oberhohndorf, Schaderstraße (Flachshandel, von 1928–1932, Gleisanschluss abgebrochen), das Bauunternehmen Arno E. Hofmann (Saarstraße 25, ab 1937) und die Sächsischen Sand- und Kieswerke Willy Voigt (1925–ca. 1932) über Gleisanschlüsse. Die Firma Scholdei & Co. zog übrigens in die Reichenbacher Straße 140/142, wo sie an die Bürgerschachtbahn angeschlossen wurde. Die Fabrikräume in der Schaderstraße nahmen nach 1945 die Firmen Aromen-Zentralvertrieb, die Chemische Fabrik „Perozon" und später der VEB Bekleidungswerk Zwickau in Beschlag. Ab 15. Februar 1946 nutzte die Gewerkschaft Morgenstern ab Kilometer 4,91 die Reinsdorfer Industriebahn zum Abtransport des Haldenmaterials, das vom Morgensternschacht II aufgeschüttet worden war. Diese Halde hatte nach ihrer Aufschüttung jahrelang gebrannt, sodass sich eine rote, sehr feste Asche gebildet hatte, die sich u. a. hervorragend für Sportstätten (z.B. für das Walter-Ulbricht-Stadion in Berlin) eignete. Zwischen 1945 und 1949 wurden außerdem am Morgensternschacht VII (früher Florentin-Kästner-Schacht I) durchschnittlich noch 40 Waggons mit Kohle geladen. Ab 1952 stellte man den Abbau im Lehrrevier der jetzigen Martin-Hoop-Schächte VII und VIII ein. Bis Februar 1956 wurden nur noch geringe Restmengen an Kohle abgebaut – dann war in diesen Schächten Schluss.

Die zunehmenden Schäden, die sich am Gleisoberbau (stellenweise nur noch eine Geschwindigkeit von 5 km/h) und vor allem an der Muldebrücke zeigten, veranlassten die Deutsche Reichsbahn-Gesellschaft zu Überlegungen, den Industriebahnbetrieb einzustellen, zumal nur noch sechs Anschlussgleise genutzt wurden. Das durchschnittliche Wagenaufkommen betrug 1962 durchschnittlich nur noch 9,7 Wagen pro Tag. Hauptsächlich ein Futtermittelbetrieb auf dem Gelände des ehemaligen Wilhelmschachtes II an der Reinsdorfer Poststraße hatte noch ein geringes Transportaufkommen. Am 31. Oktober 1965 war es nach 105 Jahren soweit: Einstellung des Eisenbahnbetriebes der Reinsdorfer Industriebahn. Die letzte Fahrt unternahm die geschmückte Lok Nr. 89 293 des Betriebswerks Zwickau, die einige Güterwagen angehängt hatte. Angestellte der Deutschen Reichsbahn-Gesellschaft und einige Eisenbahnfans hielten dieses historische Ereignis mit einem Foto für die Nachwelt fest. Im Herbst 1966 begannen Arbeiter mit der Demontage der Anlagen, der Gleise und der Muldebrücke. Heute sind im Rahmen des 1. Bergbaulehrpfades noch Teile der Strecke und Gebäude erkennbar. Im Heimat- und Bergbaumuseum Reinsdorf werden einige Relikte der Oberhohndorf-Reinsdorfer Kohleneisenbahn aufbewahrt. Ein Stück der Eisenbahnschiene (Hersteller: Krupp), das zwischen der Gaststätte „Zur Lokomotive" und der Flurgrenze Reinsdorf eingebaut war, zeigt den Verschleiß am Schienenkopf und an den Bohrungen am Steg. Die in Teer getränkte Holzschwelle weist zahlreiche Bohrungen auf, die eine Mehrfachnutzung beweisen. Auch liegengebliebene Rippenunterlagsplatten und Laschen konnten Jahre später noch eingesammelt werden. Die Güterzüge fuhren ab 1. November 1965 vom Hauptbahnhof nur noch bis zum Sammelbahnhof Schedewitz, der ab 1. Oktober 1967 dem VEB Steinkohlenwerk „August Bebel" als Werkbahnhof der Anschlussbahn unterstellt wurde.

Die Oberhohndorf-Reinsdorfer Kohlenbahn (ORK)

Winter in Reinsdorf! Der Kohlenhändler Egon Böhm schaufelt seine Einfahrt frei. Rechts das vom Hauptgleis abzweigende Anschlussgleis für den Kohlehandel Böhm, im Hintergrund kreuzt die Poststraße die Bahngleise. (1960)

Das Anwesen des Kohlenhändlers Egon Böhm (mit einem Nachbarkind auf dem Arm), auf dessen Anschlussgleis ein entladener Güterwagen steht. Egon Böhm hatte die Firma 1951 von seinem Schwiegervater Clemens Walther übernommen. Der Schornstein gehörte zum Sägewerk Haupt. (um 1962)

Die Oberhohndorf-Reinsdorfer Kohlenbahn (ORK)

Vom Anwesen des Kohlehändlers Egon Böhm blickte man auf die Halde des Morgensternschachtes I. Im Vordergrund verliefen das Hauptgleis der ORK und das Anschlussgleis Böhm. (um 1960)

Das Anschlussgleis der Firma Böhm ist – im Vergleich zum Bild vorher – demontiert. Die Schwellen liegen gestapelt zum Abtransport bereit. Auf der Halde des Morgensternschachtes I sind die Bäume inzwischen höher gewachsen. Der Sohn Egon Böhms versucht sich auf dem Roller mit einem Kunststück. (1963)

Die zu diesem Werk gehörende Kokerei und der VEB Metallaufbereitung Zwickau waren die letzten noch verbliebenen Nutzer der Anschlussbahn. Das Anschlussgleis des VEB Metallaufbereitung band man am Stellwerk W3 in die Brückenbergkohlenbahn ein. Nach der Einstellung des Kokereibetriebes aus Gründen der Rentabilität und des Umweltschutzes wurde ab 19. März 1992 auch der Eisenbahnverkehr eingestellt.

Nach einigen Jahren der Ruhe wurde die Strecke bis zum alten Sammelgleis Schedewitz wieder zum Leben erweckt. Seit dem 28. Mai 1999 fahren Triebwagen der Vogtlandbahn GmbH der Marke RegioSprinter über den Haltepunkt „Zwickau Stadthalle" bis zum Haltepunkt „Zwickau Stadtzentrum", wobei auf diesem Abschnitt größtenteils aus Platzgründen – mit der Straßenbahn gemeinsam – ein Dreischienengleis genutzt wird.

Die Staatsbahnlokomotiven haben in der Regel nur Übergabefahrten bis zum Schedewitzer Sammelgleis ausgeführt. Der interne Kohlenbahnbetrieb bei der Oberhohndorf-Reinsdorfer Kohleneisenbahn wurde durch folgende Tenderlokomotiven abgewickelt:

- Lokomotive OBERHOHNDORF (Fabrik-Nr. 155, Baujahr 1860), Gattung 2b T, Typ 1'Bn2t
- Lokomotive REINSDORF (Fab.-Nr. 156, BJ 1860), Gattung 2b T, Typ 1'Bn2t
- Lokomotive SCHAFF (Fabrik-Nr. 214, Baujahr 1864), Gattung 2b T, Typ 1'Bn2t
- Lokomotive ADHÄSION (Fabrik-Nr. 699, Baujahr 1873), Gattung VT, Typ Cn2t
- Lokomotive ROLLE (Fabrik-Nr. 790, Baujahr 1874), Gattung VT, Typ Cn2t
- Lokomotive SCHEDEWITZ (Fabrik-Nr. 809, Baujahr 1874), Gattung 2b T, Typ 1'Bn2t.

Von der Lok ADHÄSION ist überliefert, dass sie an zwei Unfällen beteiligt war. Bei dem Unfall in der Nähe der Schröderschen Ziegelei/Bürgerschacht II wurde die Lok schwer beschädigt. Nach der Reparatur entgleiste sie beim Abholen eines Kohlenzuges, der auf den Brückenbergschächten geladen worden war. Hersteller für alle Lokomotiven war die Lokomotivfabrik Richard Hartmann in Chemnitz. Nach dem Beginn des 20. Jahrhunderts steigerte die ORK ihre Transportleistung in Rekordhöhe. Die Zahl der Schächte und die Streckenlänge (8,54 km) waren zwar erheblich gesunken, aber die verbliebenen Gruben förderten aufgrund modernerer Abbau- und Transportmethoden mehr Steinkohle. Deshalb kaufte das Unternehmen von der Sächsischen Maschinenfabrik vorm. Richard Hartmann 1901 noch eine neue Lokomotive. Es war eine Güterzugtenderlokomotive (Fabrik-Nr. 2.731) der Gattung VT, Bauart Cn2t und wurde betriebsintern als Lok OR 5 bezeichnet. Die Lokomotive, die 1934/35 für 16.910 RM einer Hauptuntersuchung unterzogen worden war, wurde 1946 als Reparationsleistung in die Sowjetunion geschafft, wo sich ihre Spur verlor.

Im Jahre 1910 wurde noch eine stärkere Maschine (Baureihe 98 0, Fabrik-Nr. 3.704), ebenfalls von der Firma Hartmann, gekauft und als Lok OR 6 geführt. Bis 1940 war zeitweise noch eine Lokomotive der sächsischen BR 89 82 im Einsatz.

Bis zur Einstellung des Eisenbahnbetriebes waren auf einer der erfolgreichsten Kohlen- und Industriebahnen Deutschlands ausschließlich Dampflokomotiven im Einsatz. Nach Einstellung des Betriebes, die zunächst als Erfolg des Fortschritts gefeiert wurde, vermisste bald mancher Anwohner das vertraute Schnaufen und Pfeifen der Lokomotiven und den Geruch des Dampfes.

Die Oberhohndorf-Reinsdorfer Kohlenbahn (ORK)

Vor dem Gasthaus „Zur Lokomotive" stellten sich das Lokpersonal und einige Interessierte dem Fotografen. Anlass war die letzte Fahrt eines Zuges mit einer Lokomotive der BR 89 auf dem Industriegleis Reinsdorf am 31. Oktober 1965. (1965)

Die 1864 in Dienst gestellte Lokomotive SCHAFF wurde nach dem Direktor der Oberhohndorf-Reinsdorfer Kohleneisenbahn Georg Theodor Schaff benannt. (um 1900)

Die Oberhohndorf-Reinsdorfer Kohlenbahn (ORK)

Die Lok mit der Nr. 89 293 wurde vor dem Bahnübergang in der Nähe der Gaststätte „Zur Lokomotive" An der Kohlenbahn 15 aufgenommen. (1965)

Die Lok Nr. 6 der Industriebahn Reinsdorf hatte die Baureihennummer 98 015 und war 1910 als 3.404. Lok gebaut worden. Der Fotograf entdeckte die Lok (Spitzname „Kreuzspinne" oder „Heuwender") 1962 im Reichsbahnausbesserungswerk Chemnitz. (1962)

Endnoten

1. „Illustrirtes Wiener Extrablatt" vom 20. Juni 1872.
2. „Leipziger Zeitung" vom 6. Juli 1847.
3. Peschke, Norbert: Der Zwickauer Steinkohlenbergbau und seine Kohlenbahnen, Zwickau 2007.
4. „Zwickauer Wochenzeitung" vom 5. Januar 1860.
5. „Uebersichtskarte der Kohlenbahnen bei Zwickau" von C. Sorge (1862).
6. Eine ausführliche Liste der Bockwaer Steinkohlenwerke findet sich im Band 1, S. 54/56, eine Gleisplanübersicht der Kohlenbahnen auf S. 42 und im Nachsatz.
7. Geschäftsberichte der Bahngesellschaft der Bockwaer Kohlenbahn.
8. wie 7
9. „Leipziger Tageblatt" vom 4. März 1877.
10. Geschäftsbericht der Bahngesellschaft der Bockwaer Kohleneisenbahn auf das Jahr 1873.
11. Geschäftsbericht der Bockwaer Eisenbahngesellschaft auf das Jahr 1883.
12. s. a. Band 1, S. 84.
13. „Sächsische Volkszeitung" vom 27. Juni 1929. Der Autor, der von der Lokomotive SCHAFF der ORK spricht, irrt sich hier, denn diese Lokomotive der Oberhohndorf-Reinsdorfer Kohleneisenbahn war eine „Staatslok".
14. „Dresdner Nachrichten" vom 17. November 1859.
15. „Leipziger Tageblatt" vom 26. März 1900.
16. „Elbeblatt und Anzeiger" vom 18. September 1868.
17. „Leipziger Tageblatt" vom 9. September 1886.
18. Schreyer. C.: Gestaltung und Entwicklung der betrieblichen Einrichtungen der Eisenbahnstation Zwickau sowie der angrenzenden Kohleneisenbahnen unter besonderer Berücksichtigung der Production und des Versandts von Steinkohlen in den Jahren 1845 bis 1865, Chemnitz, 1867.
19. Geschäftsberichte der Bahngesellschaft der Oberhohndorf-Reinsdorfer Kohlenbahn.
20. siehe Band 1, S. 117.
21. s. a. Band 1, S. 117.
22. Anst: Anschlussstelle, Gleisanschluss.
23. Basis für diese Tabelle waren folgende Lage- und Gleispläne:
Uebersichtskarten der Kohlenbahnen bei Zwickau, 1862 (von Oberingenieur C. Sorge), 1869, 1880, 1884, 1887, 1910, 1918 und 1922. Da die ORK zwei Abteilungen und mehrere Abzweige besitzt, ist der Streckenkilometer des ersten Zweiges gleichzeitig der Null-Streckenkilometer des Abzweiges. Sofern keine technischen Angaben vorhanden waren, wurden die Längen der Anschlussgleise ausgemessen. Außerdem ist zu beachten, dass es im Streckennetz ständig Veränderungen gab. Für abgeworfene Schächte wurden die Gleise demontiert, für neue Schächte Gleisanschlüsse geschaffen. Die ermittelten Jahreszahlen sollen für den Schacht auf der Basis der Uebersichtskarten den Zeitraum des Gleisanschlusses angeben.
24. „Leipziger Tageblatt" vom 22. April 1880.
25. Stadtarchiv Zwickau (Akte EL 2347).

Als weitere Quellennachweise gelten die aus dem ersten Band „Der Zwickauer Süden".

Quellen- und Bildverzeichnis

Umschlag: Ansicht von Oberhohndorf und Bockwa bei Zwickau
Farblithografie, Bildmaß 22,4 x 29,5 cm
Gezeichnet und gedruckt von und bei Ludwig Theodor Zöllner in Dresden
Kunstsammlungen Zwickau, Max Pechstein Museum
Inv. Nr. A 540/53

Badstübner, Jürgen/Max: S. 47 o., 48 u.
Bergbaumuseum Oelsnitz/Erz.: S. 12 o., 13, 85 u., 102 u.
Bleyl, Ullrich: S. 9 o.
Böhm, Lutz: S. 115, 116
Bünger, Birgit/Badstübner, Jürgen: S. 74 o.
DB Netz AG, Zwickau: S. 7, 53, 58, 87, 92, Vorsatz, Nachsatz
Göckeritz, Rainer: S. 72 o. + u.
Haugk, Hans-Jochen: S. 112, 113
Hauptstaatsarchiv Dresden: S. 93 o („Strecke RI bei km 2,323", NK 0216)
Heidner, Dieter: S. 73 u.
Helbig, Dorothea: S. 30 u.
HWPH Historisches Wertpapierhaus AG, 85604 Zorneding: S. 75
Meißner, Gabriele: S. 22 o. S. 31 o., 36 u., 37 o., 70 u.,
Meyer, Günter: S. 23, 63 u., 86 u., 91 u., 119 u.
Müller, Matthias: S. 10/11
Neidhardt, Erich/Grimm, Günther: S. 9 u., 12 u. l. und r.
Pauker, Kornelia: S. 75
Röhlig, Eberhardt: S. 69, 70 o.
Stadtarchiv Zwickau: S. 42 u.
Städtische Kunstsammlungen Zwickau: S. 51, 54, 65 u., 51, 54, 65 u.

Alle nicht genannten Bilder stammen aus der Sammlung Norbert Peschke, Zwickau-Cainsdorf.

Der Autor Norbert Peschke bedankt sich herzlich bei allen Helfern. Ein besonderer Dank gilt dem Stadtarchiv Zwickau, denn es stellte zahlreiche Akten zur Verfügung. In Oberhohndorf stand mir vor allem Stefan Bergner mit Rat und Tat zur Seite, während es in Bockwa Gabriele Meißner und Jürgen Badstübner waren. Dieter Völkel versorgte mich wie immer mit Materialien und gut recherchierten Fakten. Ina Wehrmann und die oben genannten Besitzer der Fotos stellten die Bilder uneigennützig zur Verfügung. Nicht zuletzt danke ich Uta Schröter für die Korrekturlesung. Wie immer hielt mir meine Ehefrau Gesina den Rücken frei, damit ich das Buch zusammenstellen konnte.